LENGUA 6

Tercer trimestre

Carmen Bello Crespo
Tomás Bernal Regalado
Carlos Lluva Mera
José Luis Magarzo Jiménez
Pilar Zaragoza García

PRIMARIA
ANAYA
APRENDER ES CRECER

Índice

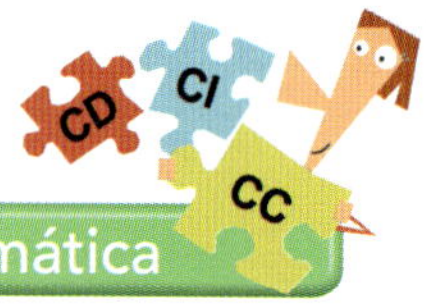

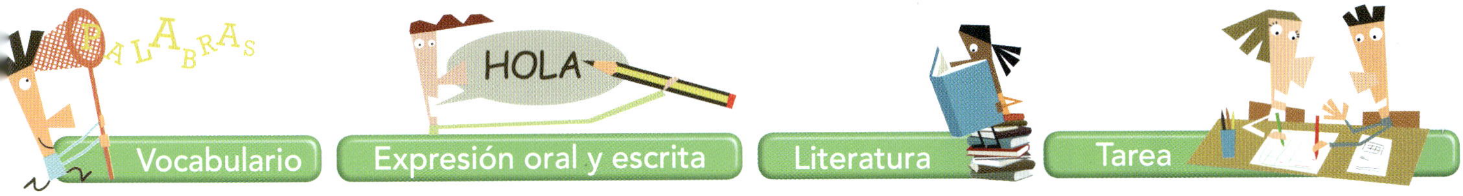
PALABRAS
HOLA

11 Preguntas curiosas

16

Lee mejor

La prelectura

Antes de **leer** el texto, haz una **prelectura**:

- Observa cómo está organizada la información: ¿cuántos apartados tiene el texto? ¿Qué te sugieren los títulos?
- Pregúntate qué sabes sobre estos temas.
- Observa las imágenes.

Después, **léelo atentamente** y fíjate en todos aquellos datos que son nuevos para ti y en las explicaciones.

Ralentizar: hacer más lenta una actividad o proceso.

¿Qué hacen los osos en invierno?

Hibernar, claro.

Sabemos que los osos se alimentan en exceso antes del invierno, acumulando gran cantidad de grasa bajo la piel, para posteriormente pasarse unos meses «durmiendo».

Realmente es un estado más profundo que un simple sueño. Las funciones vitales se ralentizan (la respiración y el latido cardiaco), la temperatura corporal baja y con esto se reduce enormemente el consumo de energía del animal.

Hay otros animales que también hibernan, como el lirón («dormir como un lirón»), las ardillas, los murciélagos, etc.

El objetivo es superar un periodo hostil en el entorno en el que el animal se desenvuelve, un tiempo de duras condiciones ambientales y escasez de alimentos. Sin duda parece muy inteligente «abrigarse» y reducir los gastos.

Otros animales son capaces de llegar a grados más extremos de «paciencia». Uno de los casos más curiosos es el de las bacterias que «suspenden» sus actividades vitales en medios hostiles durante incluso miles de años.

SOFIA MADRID

¿Cómo respiran los peces?

¿Cómo puede ser si no hay aire?

Primero, nosotros no necesitamos *aire* (21 % de oxígeno y 78 % de nitrógeno, y algunos gases más en mínimas proporciones), lo que queremos del aire es su oxígeno. Lo mismo les pasa a los peces, están interesados en el oxígeno.

Preguntémonos ahora, ¿hay oxígeno en el agua? La respuesta es afirmativa.

Ahora solo hace falta un órgano que permita extraer ese oxígeno del agua. Este órgano son las branquias. Aparecen detrás de la cabeza y pueden verse a través de unas aberturas con su típico color rojo.

Los peces toman el agua por la boca y la hacen pasar a través de las branquias, donde extraen el oxígeno. De ahí, ese constante boquear.

Funcionalmente son equivalentes a nuestros pulmones.

Como estos órganos están diseñados para extraer el oxígeno del agua, si sacas al pez fuera, se asfixia… en un entorno con un 21 % de oxígeno, pero un oxígeno que no puede alcanzar sus células.

Boquear: abrir la boca.

¿Cómo medir la edad de un árbol?

Si cortamos un árbol… o mejor, si observamos el tronco de un árbol cortado, veremos que puede apreciarse una colección de anillos concéntricos.

Contando esos anillos podemos saber la edad del árbol, ya que cada año se forma un anillo más.

El grosor de la corteza entre los distintos anillos tiene que ver con el tipo de condiciones ambientales que se hayan dado durante ese año, que han permitido un mayor o menor crecimiento.

En las zonas donde hay estaciones diferenciadas, se produce un crecimiento rápido con células más grandes y de paredes más finas cuando las condiciones son favorables, y células más pequeñas y de paredes más gruesas cuando son desfavorables. De esta forma cada año aparecen dos zonas: una clara y otra oscura. Así, contando los anillos oscuros o los claros, contamos años.

En zonas donde las estaciones no están diferenciadas, como las de climas tropicales, la formación de anillos es más difícil de apreciar o casi inexistente.

J. Fernández Panadero, *¿Por qué la nieve es blanca?* Ed. Páginas de Espuma.

Comprensión lectora

Después de escuchar o leer el texto, ¡ponte a prueba!

PREGUNTAS EXPRÉS

1 Son animales que hibernan:

a) Los osos, las ardillas, los murciélagos y el lirón.

b) Los caracoles, los erizos, los linces y las ardillas.

c) Los osos, los lirones y los lobos.

2 Los peces para respirar:

a) Necesitan oxígeno.

b) No necesitan oxígeno.

c) Necesitan oxígeno y nitrógeno.

3 Los peces se mueren fuera del agua:

a) Porque no tienen oxígeno.

b) Porque las branquias solo extraen el oxígeno que hay en el agua.

c) Porque necesitan más oxígeno del que hay en el aire.

4 La formación de anillos en los árboles:

a) Se aprecia mejor en los climas tropicales.

b) Se aprecia peor en los climas tropicales.

c) No depende del clima.

Trabajo con las ideas principales del texto

1 Selecciona la idea principal de cada texto de la lectura entre las dos opciones planteadas:

¿Qué hacen los osos en invierno?

a) Ejemplos de animales y microorganismos que hibernan.

b) Explicación de qué es la hibernación y para qué sirve.

¿Cómo respiran los peces?

a) Explicación de la respiración de los peces y de la función de las branquias.

b) Comparación con la respiración humana.

¿Cómo medir la edad de un árbol?

a) El crecimiento de los anillos en las distintas zonas geográficas.

b) Explicación de lo que son los anillos en los árboles.

Contesta oralmente

2 ¿Con qué intención hibernan los animales?

3 ¿Cómo se llama el órgano de los peces cuya función es similar a la de los pulmones?

4 ¿De qué informan los diferentes anillos concéntricos en el interior del tronco de los árboles?

Contesta por escrito

5 A partir del texto, sin mirar el diccionario, escribe las definiciones de hibernación y branquias.

6 Completa las oraciones sobre la lectura:

– Los peces respiran, como nosotros, … En el agua hay … Los peces toman … por la boca y la pasan a través de las … , que … el oxígeno.

– No en todos los árboles es posible contar los anillos: se notan más en regiones con estaciones … donde es posible ver dos zonas: una … y otra …

Reflexiona

7 Escribe la información nueva que has aprendido tras leer y comprender los tres textos. ¿Qué más te gustaría saber? Haz una lista y busca nueva información sobre ello en la biblioteca del colegio.

Relaciona con tu mundo

8 Algunos animales para protegerse del frío hibernan, otros emigran a pasar el invierno a zonas más templadas. En grupos preparad un mural con información sobre animales que hibernan y que emigran. Para ello:

- Plantead preguntas sobre esos animales y buscad las respuestas.
- Ilustrad el mural con fotografías y dibujos.

Crea tu fichero de lectura

9 Completa la ficha en tu cuaderno.

UNIDAD 11

- Nombre del autor:
- Título del libro:
- Resumen:
- Opinión:

Palabras con ll y con y

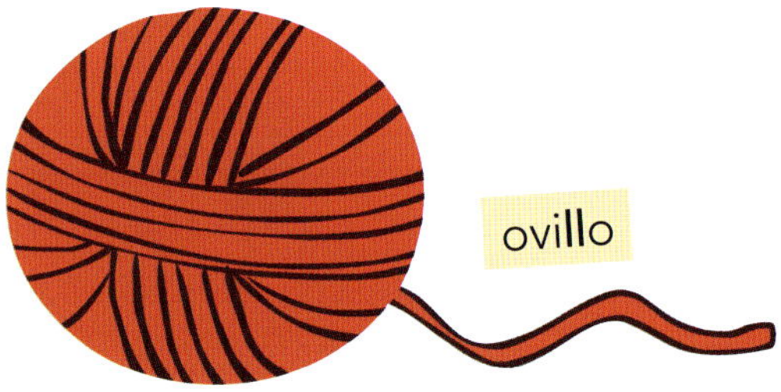

- Se escriben con **ll**:
  - Las **palabras** que empiezan por las sílabas **fa**, **fo**, **fu**: ***fa**llar*, ***fo**lleto*, ***fu**llero*.
  - Las **palabras** terminadas en **-illo**, **-illa**, **-ullo**, **-alle**, **-ella**: *ov**illo***, *barb**illa***, *org**ullo***, *t**alle***, *estr**ella***.
  - Las **formas** de los **verbos** cuyo **infinitivo** termina en **-ellar**, **-illar**, **-ullar**, **-ullir**: *atrop**ellar***, *br**illar***, *mag**ullar***, *zamb**ullir***.
- Se escriben con **y**:
  - Las **formas** de los **verbos** cuyo **infinitivo** no tiene ni **ll** ni **y**: *huir, huyó; caerá, cayó*.
  - Las **palabras** que contienen la sílaba **-yec-**: *tra**yec**toria*, *pro**yec**til*.
  - Las **palabras** que detrás de los prefijos **ad-**, **dis-** y **sub-** tienen este sonido: ***ad**yacente*, ***dis**yuntiva*, ***sub**yacente*.

Recuerda

No debes confundir las siguientes palabras:

Rayar: trazar rayas./**Rallar**: desmenuzar con un rallador.

Halla: forma del verbo *hallar* ('descubrir', 'encontrar')./**Haya**: árbol y forma del verbo *haber (haya venido)*.

Huya: forma del verbo *huir*./**Hulla**: clase de carbón.

Arrollo: forma del verbo *arrollar*./**Arroyo**: riachuelo.

Callado: forma del verbo *callar*./**Cayado**: bastón.

1. Copia y completa en tu cuaderno las palabras con ll o con y:

   fa_as fo_aje fa_ecer fa_o fo_etín

2. Completa en tu cuaderno las oraciones con alguna forma de los siguientes verbos: sellar, rallar, arrullar, escabullir.
   - El presidente … la urna al final de la votación.
   - Valentín siempre se … de las situaciones difíciles.
   - La cocinera … el pan del día anterior.
   - La madre … al bebé con cariño.

3. Escribe una oración con cada una de estas palabras: tresillo, cuadrilla, barullo, valle, dobladillo.

4. Escribe la tercera persona del singular del pretérito perfecto simple de los verbos: leer, poseer, incluir, creer, contribuir, destruir, distribuir. Fíjate en el ejemplo: *leerá* → *leyó*.

5 Consulta el diccionario y relaciona en tu cuaderno las dos columnas:

subyugar	separación
disyunción	que ayuda
adyuvante	situado en la inmediación, próximo
adyacente	avasallar, dominar

6 Copia y completa las palabras con ll o con y:

picadi_o	tra_ecto	ceri_a	cabe_o
in_ección	engu_ir	pro_ecto	bote_a

7 Copia y completa las oraciones con la palabra correcta:

Ojalá … llegado a tiempo. (halla/haya)

El … se secó en verano. (arrollo/arroyo)

… el pan del día anterior. (rallaron/rayaron)

Relaciono con la lectura

8 Escribe dos oraciones que contengan palabras derivadas de anillo.

TALLER DEL DICTADO

Lee el texto antes de hacer el dictado

Empezó a **llover** sobre la **llanura**. **Cayó** un **rayo**. El **caballo**, la **yegua** y el **potrillo huyeron** despavoridos de entre el **follaje** donde habían estado trotando alegremente. Cruzaron el **arroyo** y **llegaron** al **valle**. El **mayoral** salió tras ellos. Por fin logró sujetarlos. Abrió la **valla** del cercado y los dejó dentro. Se alegró porque en ese momento estaba **ya** empezando a diluviar, pero se detuvo un momento para observar el **brillo** de sus crines mojadas por la **lluvia**. ¡Qué animal más **bello**, el **caballo**! —se dijo.

Después del dictado

1 Clasifica en dos grupos las palabras destacadas según se escriban con **ll** o **y**.

2 Busca en el diccionario la palabra **mayoral** y escribe una oración donde aparezca.

El sujeto

La **oración** es un enunciado que consta de dos partes: el **sujeto** y el **predicado**.

El **sujeto** de la oración es la palabra o conjunto de palabras que concuerdan con el verbo del predicado en número y persona.

- La **función** de **sujeto** la desempeña:
  - Un **nombre**: ***Elvira*** *escribe una postal.*
  - Un **pronombre**: ***Nosotros*** *ordenaremos los libros.*
  - Un **grupo nominal**: ***El oso pardo*** *apareció de repente.* Está formado por:
    - El **núcleo**, que es un nombre (*el* ***oso*** *pardo*).
    - Otras palabras que pueden ser **determinantes** (***el*** *oso pardo*), **adjetivos** (*el oso* ***pardo***), etc.

Recuerda

A veces, el **sujeto** no aparece en la oración, está **omitido**, porque se conoce o se sobreentiende. Este **sujeto** se denomina **sujeto elíptico**. Ejemplo: *María entró en la habitación. (Ella) Traía los ojos relucientes.*

1 Las palabras destacadas en el texto funcionan como sujetos. Escríbelas junto al verbo con el que concuerdan.

Los habitantes de Tagliatelli tenían mucha suerte. **Su pequeño pueblo** estaba en lo más profundo de un verde valle, lleno de flores, como una alfombra bordada. **El río** rebosaba de peces y **la caza** abundaba. Cuando llegaba **el tiempo de la cosecha**, recogían el trigo más dorado del mundo.

Sin embargo, **sus habitantes** siempre estaban de mal humor.

La roca del diablo. Ed. Edelvives.

2 Copia y subraya el sujeto en cada oración. Después, indica si está formado por un nombre, un pronombre o un grupo nominal:

- Vosotros comeréis un poco más tarde.
- La película entusiasmó a los niños.
- Ernesto participó en el concurso.
- Brillaban bajo el sol los álamos del río.
- Ustedes saldrán en quinto lugar.
- El lince ibérico está en peligro de extinción.

3 Copia en tu cuaderno estos versos de Esteban Buñuel y subraya con diferentes colores los sujetos y los predicados.

Cuando ya han desvanecido
las estrellas su fulgor,
un gallo alborotador
despierta al día dormido.

4 Escribe las oraciones colocando el sujeto al principio:

Vacunó a todos los terneros el veterinario.

Remolcó el carguero el barco averiado.

Compraron muy temprano el periódico Luis y Teresa.

5 Indica cuáles serían los sujetos elípticos de las siguientes oraciones:

- Oíamos esa emisora todos los días.
- Paseaban el perro por ese parque.
- Debo llegar a tiempo a clase.
- Siempre se olvidaba el bolso en cualquier sitio.
- Escribe el texto y corrige los errores.

6 Indica las oraciones que tienen sujeto elíptico:

- Cantaba como los ángeles.
- Le gustaba mucho el chocolate.
- Luisa miraba a su hermana con cariño.
- Tengo mucha sed.
- El móvil de mi madre apareció bajo la cama.

Recuerda

Para averiguar el sujeto de una oración hay que fijarse en la **desinencia del verbo**, que informa del número y de la persona.

7 Separa el sujeto y el predicado de las siguientes oraciones y después subraya el núcleo del grupo nominal que funciona como sujeto:

La colorida floristería abre los sábados.

Mis mejores amigos me esperaban en el parque.

Relaciono con la lectura

8 Escribe dos oraciones de la lectura inicial que tengan sujeto elíptico, después fíjate bien en las oraciones que las rodean e indica cuál es el sujeto que se ha omitido.

Sentido propio y sentido figurado

Una palabra o una frase pueden tener **diferentes sentidos** según la situación en la que se utilicen:

- Se usan en **sentido propio** cuando mantienen su significado literal, es decir, el significado que tienen habitualmente.
- Se usan en **sentido figurado** cuando se apartan de este significado.

1 Copia y relaciona cada expresión con su significado en sentido figurado:

Pagar el pato.	Entender algo muy rápidamente.
Cazarlas al vuelo.	Ser el centro de la atención.
Estar en el ojo del huracán.	Cargar con las consecuencias.

2 Explica el significado de cada oración y di qué expresiones tienen un sentido figurado:

- El recepcionista dominaba cuatro lenguas.
- Es muy pequeña, tiene la lengua de trapo.
- De las ventanas salían enormes lenguas de fuego.
- Para evitar discutir tuve que morderme la lengua.

3 Completa las oraciones con estas expresiones: tener la antena puesta, pegar ojo, haber cuatro gatos.

En la representación teatral …, no tuvo éxito.

La noche de la tormenta no conseguí …

Parecía estar distraído, pero …

Relaciono con la lectura

4 En la lectura aparece la expresión «dormir como un lirón». ¿Se utiliza en sentido propio o en sentido figurado?

Juego con el lenguaje

5 Inventa tres expresiones en las que las palabras puerta, maleta y cortina se utilicen en sentido figurado, como en el ejemplo.

Estar con la puerta cerrada: no oír bien.

El reportaje

El **reportaje** es un **género periodístico** que informa sobre un tema de actualidad.

Recuerda

El **reportaje** es más amplio y subjetivo que la noticia: el periodista investiga sobre el tema, incluye entrevistas, gráficos, fotos, etc.

Leo y escribo

1 Lee el titular y el primer párrafo de un reportaje aparecido en www.saposyprincesas.com y contesta a la pregunta:

¿CÓMO SE BENEFICIAN LAS MASCOTAS?

El intenso vínculo entre niños y animales es cualquier cosa menos un secreto: desde pequeños imitamos su comportamiento, su forma de andar y comunicarse; nos atraen de forma especial las historias que ellos protagonizan [...]; nos disfrazamos de perro, vaca o pato a la primera oportunidad y nos paramos en seco al escuchar el trino de un pájaro [...].

(Texto adaptado).

- Escribe tres ejemplos que señalan el vínculo entre animales y niños.

Leo y hablo

2 Lee el siguiente texto sobre cómo redactar un reportaje del *Libro de estilo* del periódico *El País* y resume oralmente lo que dice.

El reportaje [...] debe abrirse con un párrafo muy atractivo, que apasione al lector: por tratarse de un género desligado de la estricta actualidad diaria, no puede ofrecer como arranque, generalmente, un hecho noticioso. Ha de sustituirse tal arma, por tanto, con imaginación y originalidad. A la vez el arranque debe centrar el tema para que el lector sepa desde un primer momento de qué se le va a informar.

TALLER DE EXPRESIÓN

Formad grupos y elaborad un reportaje sobre algún tema de actualidad. Para ello:

- Leed reportajes en periódicos digitales y fijaos en el estilo y en su organización.
- Elegid un tema y buscad información.
- Redactadlo e incluid una entrevista a alguna persona relacionada con el tema.
- Ilustrad vuestro reportaje con fotografías.

El poema (I)

Las **estrofas** más habituales para crear poemas son las siguientes: el **pareado**, el **terceto**, la **redondilla** y el **cuarteto**.

Recuerda

- El **poema** es una composición normalmente en verso. Los versos se pueden agrupar en **estrofas**.
- La **estrofa** es un conjunto de dos o más versos que repiten el mismo esquema en el poema.
- Los versos pueden ser de **arte mayor**, si tienen más de ocho sílabas, y de **arte menor**, si tienen ocho o menos de ocho sílabas.

1 Escucha y lee las estrofas siguientes: 17

Pareado, estrofa de dos versos con la misma rima y este esquema:

Ya la lluvia va cayendo	8a
y paraguas yo no tengo.	8a

Terceto, estrofa de tres versos de arte mayor con este esquema:

Y yo sentí un amargo desconsuelo	11A
al pensar que ya nunca las tres hijas	11-
nos dirían adiós con el pañuelo…	11A

José del Río Sainz

Redondilla, estrofa de cuatro versos de arte menor con este esquema:

La tarde más se oscurece;	8a
y el camino que serpea	8b
y débilmente blanquea,	8b
se enturbia y desaparece.	8a

Antonio Machado

Cuarteto, estrofa de cuatro versos de arte mayor con este esquema:

¡Dime qué dices, mar, qué dices, dime!	11A
Pero no me lo digas; tus cantares	11B
son, con el coro de tus varios mares,	11B
una voz sola que cantando gime.	11A

Miguel de Unamuno

2 Lee esta estrofa y responde a las cuestiones:

Se pasaron las flores del verano,
el otoño pasó con sus racimos,
pasó el invierno con sus nieves cano.

- ¿Cuántas sílabas tienen los versos?
- Indica cuál es el nombre de esta estrofa.
- Señala la rima y di si es asonante o consonante.

TALLER LITERARIO

Escribe dos pareados o una copla, como la siguiente:

Hasta que el pueblo las canta,	8-
coplas las coplas no son,	8a
y cuando las canta el pueblo	8-
ya nadie sabe el autor.	8a

TAREA

Diseño la cubierta y la contracubierta de mi libro favorito

Fíjate en las siguientes cubiertas y en la contracubierta de estos libros de literatura:

1 Lee la información que aparece en las dos cubiertas. ¿Qué datos faltan en cada una?

2 ¿Qué aportan al lector las ilustraciones de las cubiertas?

3 ¿Qué información proporciona al lector el texto de la contracubierta B? ¿Te parece que invita a leer el libro?

4 Lee estas afirmaciones para hacer una cubierta y copia en tu cuaderno las correctas:

- El título debe aparecer con un tamaño mayor o muy destacado.
- Aparece siempre el título, el autor y el ilustrador (si lo hay) y la editorial.
- Debe ser sugerente y estar relacionada con el contenido de la obra.
- En algunas cubiertas aparece la colección a la que el libro pertenece.
- No es necesario que aparezca el título del libro ni el nombre del autor.

5 Después de saber cómo debe ser una cubierta, vas a diseñar y crear la tuya:

1. Elige tu libro favorito y haz una ficha con estos datos: título, nombre del autor y del ilustrador (si lo tiene) y editorial.
2. Coge una cartulina y dóblala por la mitad: una parte será la cubierta y la otra, la contracubierta.
3. Para la cubierta, piensa qué imagen le puede ir mejor al tema del libro y la disposición de los datos de la ficha. Utiliza tipos y tamaños diferentes de letra y colores variados para los textos.
4. Para la contracubierta: escribe un resumen del libro pero dejando abierto el final.

REPASO DE LA UNIDAD

RESUMO

Copia y completa el esquema de contenidos.

Ortografía

- Se escriben con **ll**:
  - Las palabras que empiezan por ... , ... , ...
  - Las palabras terminadas en ... , ... , ... , ... y ...
  - Las formas de los verbos cuyo ... termina en ... , ... , ... y ...
- Se escriben con **y**:
  - Las formas de los verbos cuyo ... no tiene ni ... ni ...
  - Las palabras que contienen la sílaba ...
  - Detrás de los prefijos ... , ... y ...

Gramática

- El **sujeto** de la oración concuerda con ... en ... y ...
- La **función** de **sujeto** la desempeña un ... , un pronombre o un ...
- Cuando el sujeto está formado por un grupo nominal, el núcleo es el ...
- El **sujeto elíptico** es ...

Vocabulario

- Una palabra o una frase se usa en **sentido** ... cuando mantiene su significado literal, y en **sentido** ... cuando ...

Expresión oral y escrita

- El **reportaje** se diferencia de la noticia en ...

Literatura

- Las **estrofas** más habituales son el **pareado**, estrofa de ... versos; el ... , con tres versos; y el ... y la ... , con cuatro versos.

1 Copia y completa las palabras con ll o con y:

mu_ir
marti_o
magu_ar
cepi_o
tra_ectoria
baru_o
sub_ugar
pro_ecto
in_ección
expla_arse

2 Completa con el pretérito perfecto simple:

- El rayo (destruir) ... parte del campanario.
- La representación (concluir) ... con un gran aplauso.
- Insistí, pero no se (creer) ... mi versión.
- El alcalde (destituir) ... al concejal.

3 Escribe predicados cuyos verbos concuerden con estos sujetos:

Los árboles frutales … Vosotros …

4 Escribe las siguientes oraciones colocando el sujeto al principio de la oración:

- Salía mucho humo del motor.
- Sacaron las entradas para el teatro Eva y él.
- Ayer reparó el fontanero el grifo.
- Me llamó por teléfono el jefe del almacén.

5 Explica qué significan las palabras subrayadas:

- La comida está en su punto.
- Con sus jefes ha ganado muchos puntos.
- La defensa es el punto fuerte del equipo.

AVANZO

6 Escribe una forma verbal terminada en y de los verbos ser, estar, ir y dar.

7 Completa las oraciones con una de las palabras entre paréntesis:

- Se … al tropezar en el umbral. *(calló/cayó)*
- ¡Ojalá … entradas para todos! *(haya/halla)*
- Ellos … los muebles del desván. *(rayaron/rallaron)*

8 Copia el texto en tu cuaderno completándolo con los sujetos que faltan.

… llegaron muy nerviosos al examen. … los esperaba en la puerta para darles los folios con las preguntas. … había olvidado los bolígrafos. … tuvo que prestarle uno azul y otro rojo. … les pareció fácil.

9 Separa el sujeto del predicado en estas oraciones y subraya sus núcleos:

- Mis vecinos han comprado una casa más grande.
- El puerto pesquero tiene mucha actividad.
- Por la montaña galopaban los caballos salvajes.

10 Sustituye las expresiones destacadas por otras cuyo significado no sea figurado:

- Nunca **da su brazo a torcer.**
- Es muy inocente, siempre **le toman el pelo.**
- El nuevo trabajo le **ha venido de perlas.**
- Iván me **sacó las castañas del fuego.**

DICTADO: Lee con atención antes de hacer el dictado.

Por otra parte, debo añadir que entre las muchas cosas que traje del barco en los diferentes viajes, cogí algunas de escaso valor que olvidé mencionar anteriormente, como plumas, tinta y papel, tres o cuatro brújulas, algunos instrumentos matemáticos, cuadrantes, catalejos, mapas y libros de navegación. Y no debo olvidar que en el barco llevábamos un perro y dos gatos; a estos últimos los llevé conmigo y, en cuanto al perro, saltó del barco por sí mismo y nadó hasta la orilla el día siguiente a mi primer viaje y fue un leal servidor durante muchos años.

Daniel Defoe, *Robinson Crusoe*. Ed. Anaya.

12 Versos viajeros

18

Lee mejor

La lectura silenciosa

El libro al que pertenece este poema de R. L. Stevenson es una obra clásica de la literatura en lengua inglesa.

Antes de **leerlo** en **silencio, escúchalo**. Fíjate en el **ritmo** de los versos y en los **lugares** que el niño del poema está decidido a conocer cuando sea mayor. A ver qué eres capaz de recordar de lo que escuches.

Cuando sea mayor pienso ir a verlo

Yo quisiera viajar hasta los pocos
sitios en los que crecen frutas de oro;
a las islas con loros y bambúes
ancladas bajo cielos siempre azules,
donde ante cacatúas asombradas
solitarios Crusoes se hacen barcas;
donde a la luz del sol, incomparables,
las lejanas ciudades orientales
con sus mezquitas y sus minaretes
entre arenales se alzan y florecen,
y las riquezas de cualquier lugar
se ponen a la venta en el bazar;
donde la Gran Muralla en torno a China
la aísla del desierto y de la ruina,
mientras en su interior crecen ciudades
con campanas y voces y timbales;
donde hay selvas ardientes como llamas
y del tamaño de la Gran Bretaña,

Crusoes: se refiere al protagonista de la novela *Robinson Crusoe*, un náufrago en una isla tropical.

Minarete: torre de la mezquita desde donde se convoca a la oración a los mahometanos.

Gran Muralla china.

llenas de monos y de cocoteros [...]
donde los arrugados cocodrilos
acechan y descansan en el Nilo,
y los rojos flamencos van volando
y ante sus ojos peces atrapando;
donde abundan las junglas y los bosques
con tigres que se comen a los hombres
que en oscuro y en silencio acechan
y pillan despistados a sus presas
o es alguno que pasaba por allí
y se iba balanceando en palanquín;
donde entre las arenas del desierto
hay ciudades en las que todo ha muerto;
sus príncipes, sus niños, sus criados
hace miles de años se esfumaron,
no hay huellas en las calles ni en las casas
de niños, de ratones ni de nada,
y de noche, al caer la oscuridad,
no hay ni una luz en toda la ciudad.
Cuando sea mayor pienso ir a verlo
con una caravana de camellos;
encenderé una hoguera en un salón
lleno de polvo y sin ventilación,
miraré las paredes con pinturas
de festivales, héroes y luchas,
y encontraré juguetes de los niños
que vivieron en el antiguo Egipto.

R. L. Stevenson, *Jardín de versos para niños*, Ed. Hiperión. (Texto adaptado).

Pirámides de Egipto.

Palanquín: tablero que, sostenido por dos varas paralelas y horizontales, se usa en Oriente para transportar a personas importantes.

Comprensión lectora

Después de escuchar o leer el texto, ¡ponte a prueba!

PREGUNTAS EXPRÉS

1 El protagonista del poema:

a) Es el autor, que habla en 1.ª persona.

b) Es un niño que habla en 1.ª persona.

c) Es un niño que habla en 3.ª persona.

2 Las aves que se mencionan son:

a) Los loros, las cacatúas, los flamencos y los colibríes.

b) Los loros, las cacatúas y los flamencos.

c) Los loros, las cacatúas, los colibríes y los cormoranes.

3 Los otros animales que se mencionan son:

a) Cocodrilos, monos, tigres, leones y camellos.

b) Cocodrilos, monos, caimanes y camellos.

c) Cocodrilos, monos, peces, tigres, ratones y camellos.

4 Cuando sea mayor el protagonista viajará:

a) A Egipto, en una caravana de camellos.

b) A Egipto, en un camello.

c) A Egipto, en camello con otros niños.

Trabaja con las palabras clave

1 Relaciona las palabras con el lugar al que hacen referencia:

islas tropicales | China | Egipto

Contesta oralmente

2 ¿Qué le gustaría hacer al protagonista del poema?

3 Menciona los lugares que no sean ciudades a los que se refiere. Por ejemplo, islas.

4 ¿Dónde sitúa las ciudades que querría ver?

5 ¿Qué hará el protagonista cuando sea mayor? ¿En qué país encontrará pinturas en un salón de una ciudad desaparecida?

Contesta por escrito

6 En el poema hay dos partes separadas por un único punto: escribe el primer verso de cada una.

7 ¿Cuántas sílabas tienen los dos versos que has escrito?

8 ¿Por qué decimos que el poema de la lectura está escrito en versos pareados?

9 Completa en el cuaderno las oraciones siguientes:

– A las islas se las identifica con … porque se dice que están ancladas.

– El calor de la selva se compara con …

Reflexiona

10 ¿Por qué crees que el niño protagonista quiere viajar a los sitios donde crecen frutas de oro? ¿Crees que esas frutas existen?

Relaciona con tu mundo

11 Piensa a qué lugar real o imaginario te gustaría viajar y, como el autor del texto, escribe versos pareados diciendo lo que te gustaría encontrar en ese lugar.

12 Busca información sobre Robert Louis Stevenson y escribe una breve biografía en la que figuren estos datos:

- Lugar y fecha de su nacimiento.
- Lugar y fecha de su muerte.
- Algunos hechos de su infancia y juventud.
- Título de algunas de sus obras.

Crea tu fichero de lectura

13 Completa la ficha en tu cuaderno.

UNIDAD 12

- Nombre del autor:
- Título del libro:
- Título del poema:
- Resumen:
- Los versos que más me han gustado son:

Palabras con s y con x

Se escriben con **x**:

- Las palabras que empiezan por la sílaba **ex-** seguida del grupo **-pr-**: ***ex**primir, **ex**presión.*
- Muchas palabras que empiezan por la sílaba **ex-** seguidas del grupo **-pl-**: *explanada, explorador, explosivo.* No se ajustan a esta regla **espliego**, **esplendor** y sus derivados.
- Las palabras que empiezan por los prefijos **ex-** (que significa 'pérdida del cargo o condición' o 'privación') y **extra-** (que significa 'fuera de' o 'sumamente'). Ejemplos: ***ex**culpar, **extra**plano.*

1 Clasifica estas palabras: excluir, extravertido, extensión, explosivo, explícito, extraescolar, expropiado, extraplano, expresión, extrarradio.

-pl- y -pr-   extra-   ex-

2 Completa en tu cuaderno las palabras con s o x:

e_primir	e_trategia	e_téril	e_pliego
e_pléndido	e_plicar	e_ternón	e_pontáneo

3 Completa las oraciones con las siguientes palabras: exhibición, espontáneo, extirpe, espiar, estirpe, escalada. Hay una que sobra.

- Carlos tiene un carácter muy … y alegre.
- Los alpinistas terminaron la … al atardecer.
- Fue muy curiosa la … de los perros policía.
- El caballero explicó los orígenes de su …
- … significa observar disimuladamente.

4 Busca en la sopa de letras cinco palabras que tienen s o x y escríbelas ordenadas alfabéticamente:

E	P	T	O	R	E	X	Ó	T	I	C	O
N	S	A	B	E	X	P	O	R	T	A	R
M	S	Q	O	I	E	B	P	R	T	N	E
S	E	L	U	D	U	X	T	L	E	I	O
E	X	Q	U	I	S	I	T	O	A	U	N
O	E	B	P	C	V	A	K	O	L	Q	C
S	G	L	I	S	E	A	D	P	I	S	A
G	N	H	O	V	E	A	R	D	T	E	O

Recuerda

Las **palabras parónimas** son aquellas que se parecen en su forma o sonido aunque difieren en el significado: *estirpe, extirpe.*

5 Ordena las letras para formar palabras que empiezan por es- o ex-:

TCSAEA XRETÍBELA
OTCÁITSE RCTEAOXTR
CSXEUA OEAMTPADS

6 Forma nuevas palabras añadiendo los prefijos ex- o extra- a las siguientes y escribe cuatro oraciones con algunas de ellas: terrestre, ordinario, piar, oficial, poner, ceder, polar, muros.

7 Completa estas palabras con s o x, indica cuál es su significado y escribe una oración con cada una:

e_trafalario e_travío
e_playarse e_plícito
e_traordinario e_tratagema

Relaciono con la lectura

8 Relaciona cada verso con el adjetivo adecuado:

espigados exóticas extraordinarias

A Mientras en su interior crecen ciudades.

B Con sus mezquitas y sus minaretes.

C A las islas con loros y bambúes.

TALLER DEL DICTADO

Lee el texto antes de hacer el dictado

Desde el **extraordinario** mirador de la atalaya nos detuvimos a contemplar aquel **extraño** paisaje. En toda la **extensión** que alcanzaba la vista se divisaban los vallados de las **explotaciones** agrícolas. Más lejos se dibujaban los bosques de hayas junto a las **extensas** plantaciones de especies **exóticas** traídas de países lejanos. Dispersas por la llanura aparecían algunas villas **extraordinarias**. Ya en la ciudad, en el **extrarradio**, junto a los polígonos industriales, se divisaban enormes **explanadas** de tierra seca y estéril.

Después del dictado

1 Clasifica las palabras destacadas del dictado según lleven ex- o extra-.

El predicado

El **predicado** es la palabra o grupo de palabras de la oración que indica lo que hace el sujeto o lo que se dice de él. Su núcleo es un verbo.

Los bomberos de la región ***lograron apagar el incendio del bosque.***

sujeto — predicado

El **predicado** puede ser:

- **Verbal**: está formado por cualquier **verbo**, excepto los copulativos.
- **Nominal**: está formado por un **verbo copulativo** (**ser**, **estar** y **parecer**) y un complemento llamado **atributo**. El **sujeto** y el **atributo concuerdan** en género y número.

María (sujeto) *es* (verbo copulativo) + *alta* (atributo) — predicado nominal

Pueden ser **atributos**:

- Un **nombre**: *Él es* ***pintor****. Ella es* ***Celia****.*
- Un **adjetivo**: *El autobús estaba* ***completo****. Mi madre parecía* ***cansada****.*
- Un **pronombre**: *Los amigos éramos* ***nosotros****. Mi abrigo es* ***aquel****.*
- Un **nombre con preposición**: *El jamón es* ***de Salamanca****.*

Recuerda

Los verbos **ser** y **estar** no siempre son copulativos. Funcionan como verbos del predicado verbal cuando:

- El verbo **ser** significa 'ocurrir' o 'suceder': *La final del campeonato* ***será*** *esta semana.*
- El verbo **estar** significa 'encontrarse en algún lugar': *El Teide* ***está*** *en Canarias.*

1 Copia y subraya con diferente color el sujeto y el predicado de estas oraciones:

– En el recreo los niños juegan al baloncesto.
– Juan escuchó atentamente el cuento.

2 Completa en tu cuaderno estos sujetos con un predicado nominal:

Nosotros … Los atletas … La bicicleta …

3 Observa y copia estas oraciones. Después, subraya los predicados y di de qué clase son. Rodea el verbo con diferente color:

4 Corrige los errores de concordancia que hay entre el sujeto y el atributo. Subraya el núcleo del sujeto:

– Los corredores estaban agotadas.
– La fiesta de tu cumpleaños fue muy divertido.
– Nosotros estamos bastante sorprendidas.

5 Escribe el atributo de estas oraciones e indica si lo forma:

un nombre | un pronombre | un adjetivo | un nombre con preposición

– Ese perro parece agresivo.
– Nuestros abrigos son aquellos.
– Laura y Emma son amigas.
– Los turistas eran de Cáceres.

6 Copia estas oraciones en tu cuaderno, subraya el sujeto y el predicado y analiza sus predicados. Observa el ejemplo:

Mi tío es mecánico. Sujeto: Mi tío. Predicado nominal: verbo copulativo (ser) + atributo (nombre: mecánico).

– Este queso es de La Mancha.
– No estaba enfadada la profesora.
– Mi mochila es esa.
– Los dos hombres parecían médicos.

7 Observa la fotografía y escribe un texto de cuatro oraciones que tengan predicados verbales y nominales.

Ciudad de las Artes y las Ciencias (Valencia).

Relaciono con la lectura

8 Escribe una oración con predicado verbal y otra con predicado nominal con cada uno de estos sujetos:

– Las lejanas ciudades orientales …
– Las mezquitas y sus minaretes …

Frases hechas, refranes y palabras comodín

- Las **frases hechas** son expresiones formadas por dos o más palabras que tienen un **significado figurado**. Presentan una forma fija: *pagar a tocateja, poner entre la espada y la pared.*
- Los **refranes** son expresiones que recogen un saber popular.
- Las **palabras comodín** son las que, por tener un significado genérico, se pueden aplicar a conceptos muy diferentes: *chisme, cacharro, aparato.*

Recuerda

El **significado figurado** no se deduce de las palabras que componen una expresión.

1 Copia y completa las oraciones con pastel, narices, moscas, punta:

- ¡Cállate! En boca cerrada no entran …
- ¡Qué miedo! Se me ponen los pelos de …
- No metas las … en cosas que no te afectan.
- Se fue de la lengua y se descubrió el …

2 Copia en tu cuaderno y sustituye los verbos comodines de la primera fila por los verbos de la segunda fila:

hacer un túnel	**tener** tiempo	**hacer** una fortuna	**tener** una sensación
experimentar	amasar	excavar	disponer de

Relaciono con la lectura

3 Completa en tu cuaderno estas frases hechas con nombres de animales que aparecen en el poema de la lectura:

- Ser el chocolate del …
- Llorar con lágrimas de …
- Ser un … de biblioteca.

Juego con el lenguaje

4 Averigua el refrán con el juego del salto al caballo y describe una situación en la que se utilizaría.

A	GA	MI	
RES	NO	DIEN	BA
RE	CA	LA	LE
DO	LOS	LLO	TES.

Instrucciones:
El caballo se mueve formando una L: avanza dos casillas en horizontal y una en vertical o dos en vertical y una horizontal.

El debate

Un **debate** es una discusión de opiniones diferentes entre dos o más personas.

Para hacer un **debate** es necesario:

- La **participación** de **personas** con ideas contrapuestas sobre un tema.
- Un **tema** para debatir.
- Un **moderador** que da la palabra, dirige el debate y saca las conclusiones.
- Unas **reglas** que deben cumplirse: duración, procedimientos para tomar la palabra y para que se establezcan las conclusiones.
- La exposición de **argumentos** (razonamientos, datos, opiniones de expertos) para **convencer** o para **demostrar** lo que se ha dicho.

Leo y hablo

1 Lee el texto aparecido en www.elmundo.es y contesta a las preguntas:

¿Es usted de los que regresa a medio camino si se le olvida el móvil en casa? [...] ¿Se lo lleva consigo al baño? Si ha respondido afirmativamente a todas estas preguntas es más que probable que sufra nomofobia, un miedo irracional a vivir con el teléfono apagado.

Algunas encuestas cifran entre el 53% y el 66% el porcentaje de españoles aquejados de nomofobia, este nuevo miedo irracional, que ha aumentado un 13% en los últimos años. [...] Los jóvenes entre 18 y 25 años son el grupo de edad más afectado. [...]

(Texto adaptado).

¿Qué cifras y datos aporta el autor del texto para defender que la nomofobia ha aumentado?

Anota los datos sobre los síntomas de la nomofobia y quiénes son los más expuestos a padecerla.

TALLER DE EXPRESIÓN

Organizad un debate sobre el uso de los teléfonos inteligentes siguiendo las pautas anteriores:

- Pensad en las ventajas e inconvenientes que encontráis en su uso, y en argumentos para defender vuestra opinión.

El poema (II)

Dos de las composiciones poéticas más importantes son:

El **soneto** es un tipo de poema formado por **14 versos** organizados en **dos cuartetos** y **dos tercetos**. Los **tercetos** suelen rimar entre sí: por ejemplo, el verso II del primer tercero puede rimar con los versos I y III del segundo terceto.

El **romance** es un poema que cuenta una historia en **versos** de **ocho sílabas** en los que **riman** los **pares** en **asonante**. En él aparece con frecuencia un narrador y el diálogo directo entre los personajes.

19 **1** Lee este soneto de Lope de Vega en el que explica cómo escribir un soneto:

Un soneto me manda hacer Violante,
que en mi vida me he visto en tal aprieto;
catorce versos dicen que es soneto;
burla burlando van los tres delante.

Yo pensé que no hallara consonante,
y estoy a la mitad de otro cuarteto;
mas si me veo en el primer terceto,
no hay cosa en los cuartetos que me espante.

Por el primer terceto voy entrando,
y parece que entré con pie derecho,
pues fin con este verso le estoy dando.

Ya estoy en el segundo, y aun sospecho
que voy los trece versos acabando;
contad si son catorce, y está hecho.

Violante: nombre de mujer.
Consonante: rima.

- Copia los dos cuartetos y mide sus versos: ¿cómo riman?, ¿lo hacen en asonante o en consonante?, ¿qué sinalefas aparecen?
- Escribe los tercetos: mide sus sílabas y señala su rima.

TALLER LITERARIO

En parejas, acceded a la página web www.elhuevodechocolate.com y consultad los sonetos y los romances.

- Elegid un soneto que os guste y recitadlo ante la clase: uno leerá los cuartetos y el otro los tercetos.
- Elegid un romance, leedlo e ilustradlo.

TAREA

Creamos un cómic

Los cómics cuentan una historia con imágenes y palabras en viñetas sucesivas. Se los denomina también «historietas» y «novelas gráficas». Vais a elaborar un cómic partiendo de una fábula.

1 Leed con atención esta fábula y escribid la moraleja:

Una hormiga sedienta, que había bajado a beber a una fuente, estaba a punto de ahogarse arrastrada por la corriente. Una paloma, al verla, cogió una ramita de árbol y la echó en la fuente para que la hormiga se subiera y pudiera salvarse.

En esto, un pajarero había colocado su trampa y se disponía a cazar a la paloma, pero la hormiga, que lo vio, le mordió un pie al pajarero, y este, a causa del dolor, acabó soltando la trampa y la paloma pudo huir en seguida. La fábula enseña que debemos estar agradecidos a nuestros bienhechores.

Esopo, *Fábulas*. Ed. Anaya, col. Clásicos a Medida.

En parejas

2 Dividid la fábula en seis escenas, cada una de las cuales será una viñeta. En la última irá la moraleja.

3 Pensad qué vais a dibujar en cada escena y haced un boceto, por ejemplo:

4 Cada escena irá acompañada de texto. Dibujad los bocadillos e inventad lo que dirán los personajes.

5 Incluid onomatopeyas para reproducir los sonidos que emiten los personajes; por ejemplo, el grito del pajarero cuando la hormiga lo muerde.

6 Coloread los dibujos y repasad los textos para que no haya faltas de ortografía:

REPASO DE LA UNIDAD

RESUMO

Copia y completa el esquema de contenidos.

Ortografía

- Se escribe **x**
  - Delante de los grupos … y …
  - En los prefijos … y …

Gramática

- El **predicado** es la palabra o grupo de palabras …
- El **predicado verbal** está formado por cualquier **verbo**, excepto …
- El **predicado nominal** está formado por un **verbo copulativo** (… , … , …) y …
  - El **atributo** concuerda con el sujeto en …

Vocabulario

- Las **frases hechas** son expresiones que tienen … y una forma …
- Los **refranes** son …
- Las **palabras comodín** son las que …

Literatura

- Un **debate** es … entre …

Literatura

- El **soneto** está formado por dos … y dos … Los **romances** son …

1 Copia y completa las palabras con s o con x:

e_puela e_pionaje e_tropear
e_ótico é_odo e_agerar

2 Copia y relaciona las parejas de sinónimos:

extravagante desenterrar pretexto
excusa excéntrico exhumar

3 Indica si el predicado es verbal o nominal:

– La carrera será muy larga.
– Mis primos cantaron con mucha alegría.
– Todos los niños estaban muy contentos.

4 Copia estos sujetos y forma oraciones con predicados nominales:

La Tierra … Estos frutos secos …
Su familia … Vosotras y nosotras …

5 Completa en tu cuaderno las frases hechas con estas palabras y explica su significado: palabra, sol, sol, labia:

– *Trabajar de … a …*
– *Quedarse con la … en la boca.*
– *Tener mucha …*

AVANZO

6 Busca en el diccionario el significado de estío, exilio, exequias y estrado y completa las oraciones:

- Estuvo en el … durante diez años.
- Solía echarme la siesta en las tardes de …
- Colocaron una gran cortina detrás del …
- Se celebraron las … en la catedral de Burgos.

7 Consulta el diccionario y copia seis verbos que empiecen por ex-. Escribe tres oraciones con los tres que menos utilices.

8 Subraya con colores diferentes el sujeto y el predicado de estas oraciones y di de qué clase es cada predicado:

La conferencia duró dos horas.

Enrique es el mejor carpintero.

El examen fue muy fácil.

Yo no he leído ese libro.

Mis pantalones están nuevos.

9 Copia las oraciones y sustituye el verbo haber por uno de los siguientes:

correr | emanar de | celebrarse | producirse

- En mi barrio ha habido una fiesta toda la noche.
- El olor que había allí era insoportable.
- Hay muchos rumores sobre ese asunto.
- Después de las vacaciones habrá cambios en la empresa.

DICTADO: Lee con atención antes de hacer el dictado.

Los romances surgieron en Castilla durante la Edad Media. Esos poemas, al principio anónimos, se solían cantar en las plazas de pueblos y ciudades y servían para informar de los hechos o de los personajes del momento. A veces, también se cantaban para entretener en diferentes situaciones de la vida cotidiana: en una boda, durante el trabajo… Los juglares fueron los primeros en cantar estas composiciones con un instrumento musical.

13 La jirafa

20

Lee mejor

La prelectura

La lectura es un texto informativo. **Observa** la **imagen** y **lee** el **título** para saber cuál va a ser el tema que desarrolla.

La lectura silenciosa

Cuando **leas** en **silencio**:

- **Vuelve atrás** si no entiendes algo y relee.
- Una **segunda lectura** hará que te fijes en detalles que se te pueden haber escapado en la primera lectura.

Retozón: que salta y brinca alegremente.

El bebé jirafa al poco rato de nacer ya está mamando. En cuestión de horas será capaz de correr, jugar y caminar. El crecimiento de la joven y retozona jirafa es rápido, y, cuando llegue a la edad de un año, habrá duplicado su tamaño. En tres años habrá alcanzado casi la altura de un adulto. Puede vivir unos veinticinco años si no sufre ningún accidente inesperado.

La jirafa adulta es el animal más alto del mundo actual. El récord lo batió un macho llamado George cuya cabeza casi tocaba el techo de su jaula del zoo, que tenía seis metros y medio de altura. O sea, si tres hombres se pusieran en pie uno encima de los hombros del otro, el de arriba tendría que levantar la cabeza para ver la cara de George.

La mayoría de las jirafas no crece tanto, pero aun así son asombrosamente altas comparadas con cualquier otro animal. La altura media de un macho es de unos 5 metros. Las hembras son ligeramente menores y miden solo unos 4,2 metros.

La ventaja de ser tan altos es que los animales alcanzan la parte más alta de los árboles cuando ramonean hojas y brotes. Más abajo, en los matorrales, muchas especies distintas de animales pueden alimentarse de vegetales y tienen que competir unos con otros por la comida, pero para las elevadas jirafas no hay rivales. Pueden rumiar todo lo que quieran en su mundo «rascacielos».

Machos y hembras se alimentan de forma distinta. Los machos estiran el cuello lo más posible, mientras que las hembras lo inclinan hacia adelante, sesgado. Eso significa que ambos sexos se alimentan en niveles distintos, las hembras por debajo de los machos. De este modo pueden permanecer juntos cuando ramonean sin molestarse.

Con este método, los animales pueden pasar horas arrancando y engullendo hoja tras hoja sin interferencias. Donde haya árboles de frondosa copa verde, estos gigantes cuellilargos pueden disfrutar de un festín diario.

Es una suerte, porque necesitan abundante comida y pasan unas doce horas de cada veinticuatro comiendo. En un día pueden consumir unos 65 kilos de vegetación, una cantidad enorme, arrancándola con sus largas lenguas negras.

Estas lenguas son fuertes y están cubiertas de saliva viscosa; las jirafas pueden estirarlas 45 centímetros fuera de la boca cuando buscan comida. Pueden enroscarlas alrededor de hojas y brotes, y desprenderlos rápidamente. Ni siquiera las espinas y pinchos más afilados las detienen.

Comen principalmente durante el día, pero se las puede ver al claro de luna ramoneando apaciblemente toda la noche, moviéndose como grandes y esbeltos fantasmas entre los árboles.

Mucha gente se pregunta cómo duermen las jirafas. ¿Se tumban como otros animales ungulados o duermen de pie? ¿Y cómo descansan sus largos cuellos? La respuesta es que pueden dormir tanto de pie como tumbadas, en una especie de duermevela. Pero no es un sueño total y profundo. Para dormir de verdad se tumban y giran el cuello hacia atrás, como aves durmientes. Sus cabezas reposan sobre las grupas, y así se quedan unos cinco minutos cada vez. No pueden permitirse dormir mucho tiempo a causa del peligro que representan los depredadores que merodean en la noche. Solo se aventuran a dar alguna cabezadita, y en general no consiguen más que un total aproximado de media hora de sueño profundo. Sin embargo, es suficiente para una jirafa, cuando lo combina con los periodos más largos de duermevela.

Ramonear: comer las hojas y las puntas de las ramas de los árboles.

Interferencia: algo que se cruza en el camino de otra cosa.

Ungulado: se dice del mamífero que tiene casco o pezuña.

Grupa: cada una de las dos mitades laterales de la parte posterior de los caballos y otros animales.

Las jirafas en libertad disfrutan del lujo de tener a su disposición un despertador bajo la forma del minúsculo garrapatero. Este pájaro vive sobre sus lomos, donde desempeña la importante labor de picotear y eliminar cualquier pequeño parásito que encuentre. También da la alarma con su agudo piar cuando ve aproximarse algún peligro. Despierta rápidamente a la jirafa dormida, que puede entonces levantarse de un salto y huir antes de que el depredador esté demasiado cerca.

Desmond Morris, *El mundo de los animales*, Ed. Siruela.

Comprensión lectora

Después de escuchar o leer el texto, ¡ponte a prueba!

PREGUNTAS EXPRÉS

1 Las jirafas alcanzan el tamaño de un adulto:

a) Más o menos al año, momento en el que duplican el tamaño que tenían.
b) Más o menos a los tres años.
c) Al año y medio.

2 La jirafa George medía:

a) Cuatro metros, la altura media de las jirafas macho.
b) Alrededor de seis metros y medio.
c) Más de siete metros cuando llegó a la edad adulta.

3 Las jirafas:

a) Comen mucho y duermen, muy poco tiempo, un sueño profundo.
b) Comen poco y no duermen.
c) Comen poco y duermen cortos sueños.

4 El garrapatero es un pequeño pájaro:

a) Que limpia de parásitos a la jirafa y la avisa con su piar de que viene un depredador.
b) Que proporciona alimento a la jirafa.
c) Que avisa a la jirafa con su picoteo de la llegada de un depredador.

Trabaja con el texto

1 En la primera parte del texto se informa sobre el **crecimiento** y la **alimentación de las jirafas**. Ordena del 1 al 8 los siguientes contenidos relacionados con estos temas según aparecen en la lectura:

- Ejemplo de George, un récord de altura.
- Diferencias en el modo de comer de machos y hembras.
- Relación entre la altura de las jirafas y su modo de alimentación.
- Altura media de las jirafas macho y hembra.
- El crecimiento de las jirafas de bebé a adulto.
- Momentos en que comen las jirafas.
- Cantidades de comida y tiempo que emplean en comer.
- Utilidad de la lengua de las jirafas.

Contesta oralmente

2 ¿Cuál es el animal más alto del mundo? ¿Cuál es la altura media de una jirafa macho y de una jirafa hembra?

3 ¿Cómo colocan las jirafas macho el cuello para comer? ¿Y las jirafas hembra?

4 ¿Cómo duermen las jirafas si quieren descansar bien? ¿Y si están en duermevela?

Contesta por escrito

5 La repetición es un procedimiento para cohesionar un texto: escribe cuántas veces aparece la palabra jirafa.

6 Otro procedimiento de cohesión es que varios predicados se refieran a un mismo sujeto, aunque este sea elíptico. Escribe cuatro oraciones en las que el sujeto elíptico sea las jirafas.

7 Escribe con qué se compara a las jirafas comiendo a la luz de la luna.

8 Resume lo que has aprendido de los tres temas siguientes: el crecimiento de las jirafas, su alimentación y su manera de dormir.

Reflexiona

9 La jirafa y el garrapatero se ayudan mutuamente. ¿Qué opinas de ese intercambio que redunda en un beneficio compartido?

Relaciona con tu mundo

10 Escribe una exposición sobre tu animal favorito siguiendo el esquema de la lectura.

Crea tu fichero de lectura

11 Completa la ficha en tu cuaderno.

UNIDAD 13

- Nombre del autor:
- Título del libro:
- Resumen:
- Opinión:

Palabras con z, c, d

Sobre la **z**:

- El sonido **z** se representa con la letra **z** delante de **a**, **o**, **u** y con la letra **c** delante de las letras **e**, **i**: *zapato, mecer, ciprés, zócalo, zueco.*
- Las palabras terminadas en **-z** forman su plural en **-ces**: *nuez - nueces.*

Sobre la **c**:

- Se escriben con **-cc-** las palabras acabadas en **-ción** si en alguna palabra de la misma familia léxica aparece el grupo **-ct-**: *proyector - proyección; inspector - inspección.*
- También se escriben con **-cc-** las palabras *accésit, accesorios, acceso, accidente, occidente.*
- El grupo **-zc-** se utiliza en las formas de los verbos acabados en **-ecer**, **-acer** y **-ucir**, y en las de **conocer** y sus derivados: *parecer - parezco; deducir - deduzco, **conocer** - conozco.*

Sobre la **d**:

- Se escribe -**d** al final de las palabras que hacen su plural en **-des**: *vid, vides.*
- La segunda persona del plural del **modo imperativo** termina en **-d**: *cantad, trabajad.*

Recuerda

Algunos nombres propios marcan la excepción. Ejemplos: *Ezequiel, Nueva Zelanda.* También se escriben con **z** alguna palabras como *zeta, zigzag, zipizape* y *nazi.*

1 Escribe en tu cuaderno cada palabra del margen junto a su definición:

- Suceso fingido o inventado, que es producto de la imaginación.
- Que crea una afición desmesurada a algo.
- Acción y efecto de *pudrir.*
- Que quebranta una ley o un precepto.

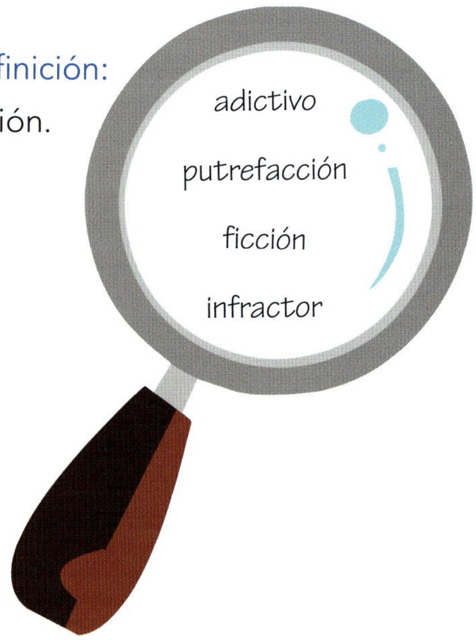

2 Completa en tu cuaderno estas palabras con -c- o -cc-:

instru_ión	o_idente	afi_ión
destru_ión	rela_ión	condu_ión
limita_ión	restitu_ión	a_eso
rea_ión	graba_ión	a_esorios

3 Completa en tu cuaderno el siguiente cuadro:

-ct-	…	elector	traductor	…	…
-cc-	instrucción	…	…	selección	redacción

4 Completa en tu cuaderno la tabla siguiente:

	Presente de indicativo	Imperativo
agradecer	*agradezco*	*agradeced*
crecer	...	...
conducir	...	...
nacer	...	...

5 Observa los dibujos y escribe oraciones con palabras terminadas en -d y en -z y sus plurales.

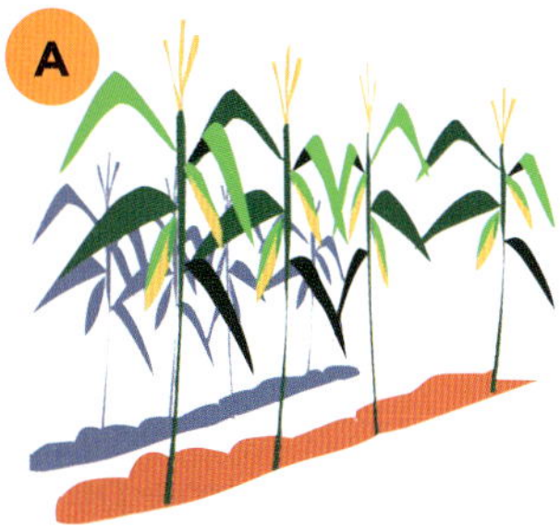

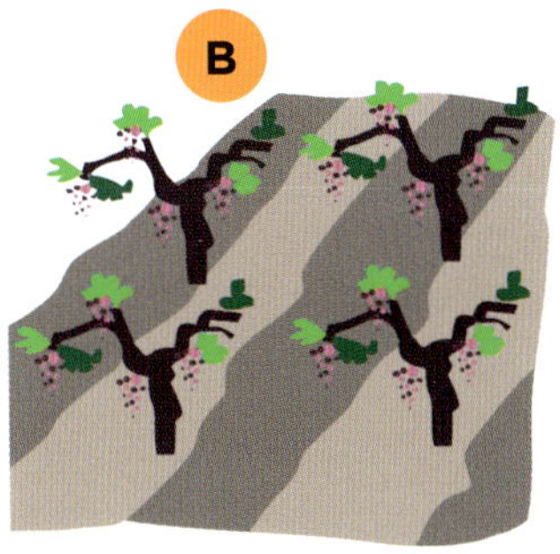

6 Consulta el diccionario y escribe una oración con zigurat, con zéjel y con zigzaguear.

Relaciono con la lectura

7 Lee el primer párrafo de la lectura de *La jirafa* y escribe en tu cuaderno:

Palabras con **c** Palabras con **z** Palabra con **-cc-** Palabra con **-d**

TALLER DEL DICTADO

Lee el texto antes de hacer el dictado

La **oscuridad** era total, no era **capaz** de distinguir nada. De pronto, un **haz** de **luz** inundó la estancia y la **claridad** me hizo pensar que había llegado el día. Me abrigué con el **albornoz**, abrí la ventana y contemplé la **ciudad**. Por **curiosidad** contemplé el **césped** y la fuente en **mitad** del jardín. Vi nubes y pensé: «En otoño la **posibilidad** de estos cambios de tiempo es frecuente».

Después del dictado

1 Completa las palabras con **-z** o **-d**. Después, escríbelas en plural:

alborno_	capa_	ha_	mita_
ciuda_	curiosida_	céspe_	oscurida_

Complementos del verbo

Los complementos directo e indirecto

El **complemento directo** (**CD**) es la palabra, o el grupo nominal, que completa el significado del verbo. Puede ir sin preposición o precedido de la preposición *a*: *Marta come* ***peras****, Ana mira* ***a Eva****.*

- Para saber si una **palabra**, o grupo nominal, funciona como **complemento directo**, podemos sustituirla por los pronombres **la**, **lo**, **las**, **los**:

  Marta come ***peras****.* → *Marta* ***las*** *come.*

- Hay verbos que necesitan un complemento directo y otros no:
  - Los **verbos** que necesitan un **complemento directo** para completar su significado son **transitivos**: *abrir (una carta); coger (un abrigo).*
  - Los que **no** necesitan el **complemento directo** para que su significado sea completo son **intransitivos**: *pasear, trabajar, nadar…*

Marta come **peras**.

Marta **las** come.

1 Observa el modelo y haz lo mismo con las oraciones siguientes:

Antonio	abre	una carta.	→	Antonio	la	abre.
	verbo transitivo	CD			CD	verbo transitivo

Edu recordó la aventura.

Margarita compró el ordenador.

El **complemento indirecto** (**CI**) indica a quién va destinada la acción del verbo al que complementa. Va siempre precedido de la preposición **a**: *Mónica envió un paquete* ***a su sobrina.***

Para saber si una **palabra**, o grupo nominal, funciona como **complemento indirecto** podemos sustituirla por los pronombres **le** o **les**: *Belén contó un secreto* ***a Eva****.* → *Belén* ***le*** *contó un secreto.*

2 Sustituye los complementos indirectos por los pronombres le o les:

– Ana echó agua a las plantas.

– Su hermana compró esquejes a Juan.

3 Identifica los complementos directo e indirecto estas oraciones.

– Conté la anécdota a mis amigos.

– Mi hermano prestó sus cómics a Lara.

El complemento circunstancial

El **complemento circunstancial** (**CC**) modifica al verbo y expresa circunstancias de lugar, tiempo, modo, cantidad, compañía, etc.

Pueden desempeñar la **función** de **complemento circunstancial**:

- Un **adverbio**: *Volveremos* ***mañana***.
- Un **grupo nominal** precedido o no por una preposición: *Estuvimos* ***en Valladolid***. *Llegaron* ***el sábado***.

Según la **circunstancia** que indique el **CC**, pueden ser:

- De **lugar**: *Paseamos juntos* ***por Jaén***.
- De **tiempo**: ***Ahora*** *estoy muy ocupado.*
- De **modo**: *Me sentí* ***bien***.
- De **cantidad**: *Durmió* ***mucho***.
- De **compañía**: *Fui al cine* ***con Lía***.
- De **duda**: ***Quizá*** *te llamará.*
- De **finalidad**: *Ahorró* ***para el regalo***.
- De **instrumento**: *Corté queso* ***con el cuchillo***.

Recuerda

Para identificar el **complemento circunstancial** puedes preguntar al verbo: **¿Dónde? ¿Cuándo? ¿Cómo?**...

Ejemplo: *Mañana iremos en autobús al museo.*

– ***¿Cuándo iremos?*** *Mañana.*

– ***¿Cómo iremos?*** *En autobús.*

– ***¿Dónde iremos?*** *Al museo.*

4 Observa las imágenes y completa las oraciones con el complemento circunstancial indicado:

Compré una tarta ...
(CC finalidad)

Juan estudia ...
(CC cantidad)

Jugué al fútbol ...
(CC compañía)

5 Analiza los complementos circunstanciales de estas oraciones e indica si están formados por un adverbio o por un grupo nominal:

– Mañana iré en el autobús a la playa.

– Ayer regamos las macetas con la manguera.

– Todos los días la veo desde mi ventana.

– Paseo al atardecer con mi amigo Enrique.

Relaciono con la lectura

6 Subraya con diferentes colores los complementos de esta oración:

La jirafa macho come hojas durante el día con la hembra al lado.

Extranjerismos, neologismos y arcaísmos

- Los **extranjerismos** son palabras extranjeras que se incorporan a una lengua. En algunos casos se mantiene su misma escritura *(pizza, ranking)*, en otros, se castellanizan *(míster, escáner, carné)*.
- Los **neologismos** son palabras que se crean en una lengua para nombrar realidades que no existían anteriormente. Ejemplo: *microondas*.
- Los **arcaísmos** son palabras cuya forma o significado, o ambos a la vez, resultan anticuados y no se usan en un momento determinado: *yantar* (comer), *agora* (ahora).

Recuerda

Los **extranjerismos** solo debemos utilizarlos cuando **no** exista en nuestro idioma una **palabra equivalente**.

1 Escribe la palabra o palabras castellanas que puedan sustituir a estos extranjerismos: *boutique*, *mousse*, *maître*.

2 Sustituye los extranjerismos destacados por las palabras equivalentes en castellano: registro de ingreso, fotógrafos de prensa, correo electrónico, pañuelo para el cuello.

- A los actores les esperaban muchos ***paparazzi***.
- El día de su cumpleaños le regalamos un ***foulard***.
- Realizamos el ***check in*** con toda facilidad.
- Recibí un ***mail*** con toda la información.

3 Escribe una oración con cada uno de estos neologismos: astronauta, *software*, *chatear*, hemeroteca, airbag.

4 Busca el significado de las palabras capazo y cachava. ¿Son arcaísmos o neologismos? Justifica tu respuesta.

Juego con el lenguaje

5 ¿De qué lengua proceden los extranjerismos representados en las ilustraciones? Investiga cuál es su lengua original y escribe su forma correcta en castellano.

Lengua original	Forma correcta en castellano

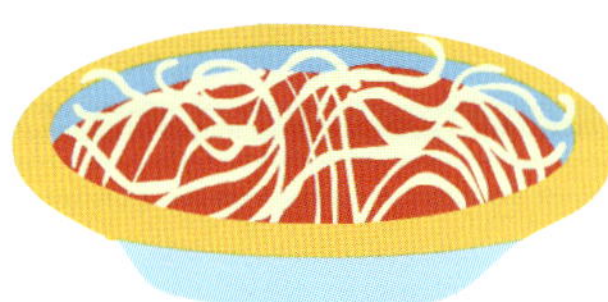

Dramatizar romances

Para **dramatizar** un romance, el **narrador** debe convertirse en un **personaje** más, que hará el papel de narrador.

Leo

1 Lee el romance del infante Arnaldos en silencio:

¡Quién hubiese tal ventura
sobre las aguas del mar
como hubo el conde Arnaldos
la mañana de San Juan!
Con un halcón en la mano
la caza iba a cazar.
Vio venir una galera
que a tierra quiere llegar.
Las velas traía de seda,
la jarcia de oro cendal;
marinero que la manda
diciendo viene un cantar
que la mar hacía en calma,
los vientos hace amainar,
los peces que andan al hondo
arriba los hace andar,
las aves que van volando
al mástil van a posar.

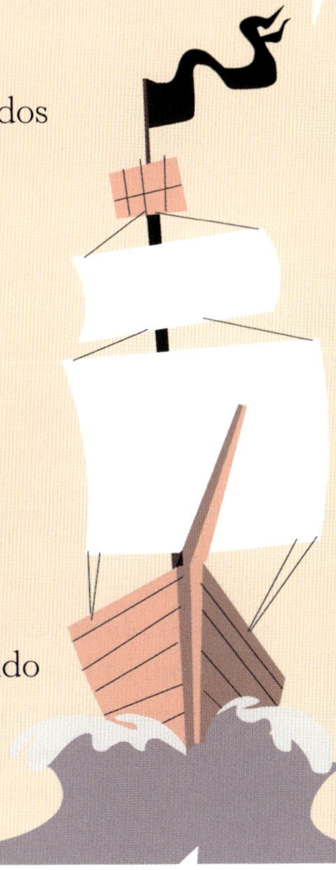

Allí habló el conde Arnaldos,
bien oiréis lo que dirá:
—Por Dios, os ruego, marinero,
dime ahora ese cantar.
Respondiole el marinero,
tal respuesta le fue a dar:
—Yo no digo mi canción
sino a quien conmigo va.

2 Preparad la dramatización del romance anterior:

- Formad grupos de tres, tantos como personajes: el conde, el marinero y el narrador.
- Distribuid los personajes y ensayad la lectura en voz alta.
- Improvisad la actuación de cada uno, para escenificar el romance. Por ejemplo: ademán del conde al descubrir el barco y ante la canción; gestos del marinero al cantar, etc.
- Ensayad la representación para que la escena resulte expresiva.

TALLER DE EXPRESIÓN

En grupo, buscad otros romances para dramatizar. Podéis consultar la página web http://www.rinconcastellano.com/biblio/edadmedia/index.html. Seguid los pasos anteriores.

Comentar un poema

Los **poemas** pueden contar una historia, expresar un sentimiento, provocar la risa con su ingenio o unir pintura y literatura, como los caligramas.

Para **comentar** un poema debes:

- Señalar el **asunto** que trata: si es una historia, qué cuenta; si expresa un sentimiento, cuál es, etc.
- Explicar la **métrica**: número de versos, si se agrupan en estrofas, etc.
- Señalar los **recursos** que emplea: metáfora, comparación, etc.
- **Valorarlo**: indicar si te ha gustado y por qué.

1 Lee el siguiente poema de Federico García Lorca y el comentario sobre él. Después, contesta a las preguntas:

Salen los niños alegres
de la escuela,
poniendo en el aire tibio
del abril canciones nuevas.

¡Qué alegría tiene el hondo
silencio de la calleja!
Un silencio hecho pedazos
por risas de plata nueva.

Este poema está formado por dos estrofas de cuatro versos de ocho sílabas, menos el segundo de la primera, que tiene cuatro, con rima asonante en los versos pares.

Lorca expresa el sentimiento de alegría que le produce ver a los niños y su felicidad. Utiliza palabras como alegres, alegría, canciones, para transmitir ese sentimiento. Identifica el sonido de la risa de los niños con el tintineo de la plata.

Es un poema lleno de vida, que consigue que sintamos y «oigamos» la alegría.

- ¿Cuál es el asunto principal del poema?
- ¿Qué se dice sobre su métrica? ¿Y sobre los recursos utilizados?
- ¿Qué es lo que más le ha gustado del poema al autor del comentario?

TALLER LITERARIO

En parejas buscad en algún libro de la biblioteca de vuestro centro un poema que os guste. Escribidlo en una cartulina grande junto con un comentario, que realizaréis con las pautas indicadas anteriormente.

Después, preparad la lectura en voz alta del poema y de vuestro comentario para compartirlos con la clase.

Tarea

Preparamos un homenaje

Imaginad que vuestro profesor o profesora se marcha del colegio y toda la clase habéis decidido hacerle un homenaje.

En grupo

1 Dividíos en grupos y elaborad, cada uno, un cartel en el que le deis las gracias por lo que os ha enseñado y transmitido. Podéis adornarlo con fotografías y con ilustraciones.

2 Escribid entre todos una carta de despedida. Podéis incluir esta información:

a) Recuerdos de vuestro primer día de clase.

b) Alguna anécdota divertida que hayáis vivido.

c) Deseos de que le vaya muy bien en su nuevo destino.

d) Despedida y firma de todos los alumnos de la clase.

Repasad la carta para que no haya faltas de ortografía y la caligrafía esté cuidada.

- La carta puede empezar y terminar así:

3 Elegid a un compañero para que lea la carta en nombre de todos.

4 El día del homenaje colgad los carteles en las paredes de la clase. Tras la lectura de la carta entregádsela a vuestro maestro o maestra.

REPASO DE LA UNIDAD

RESUMO

Copia y completa el esquema de contenidos.

Ortografía

- El **sonido** … se representa con la letra **z** delante de las letras … , … , … , y con la **c** delante de … , …
- Se escriben con … las palabras acabadas en **-ción** si en alguna palabra de la misma familia léxica aparece el grupo …
- El grupo **-zc-** se utiliza en las formas de los … acabados en … , … , … y en las formas del …
- Se escribe **-d** al final de … y en la segunda persona del …

Gramática

- El **complemento directo** (CD) es la palabra (o grupo nominal) que … Puede ir sin preposición o precedido de la preposición …
- Los **verbos** que necesitan de un **complemento directo** para completar su significado son … y los que no lo necesitan son …
- El **complemento indirecto** (CI) indica … Va siempre precedido de la preposición …
- El **complemento circunstancial** (CC) modifica … y expresa …
  - Pueden desempeñar esta función un … o un …
  - Los complementos circunstanciales pueden ser de …

Vocabulario

- Los **extranjerismos** son … Los **neologismos** son … Los **arcaísmos** son …

Expresión oral y escrita

- Para **dramatizar** un **romance** hay que convertir al … en un personaje más.

Literatura

- Al **comentar un poema** se debe tener en cuenta: … , … , … y …

1 Copia y completa con c, z, d, ct, cc:
- El le_or pronun_ió con corre_ión el texto.
- Compré maí_ para ha_er las tortas.
- Los condu_ores deben abrocharse el _inturón de segurida_

2 Sustituye los complementos indirectos de estas oraciones por le o les:
- Compré a la florista unos claveles.
- El guía explicó los mapas a David y a Luz.
- Comunicó su decisión al presidente.

3 Copia y subraya los complementos circunstanciales de estas oraciones y di de qué clase son:

- Manuel comió durante un mes en la universidad.
- Mónica entró en la sala silenciosamente.
- Ana actúa con soltura en el escenario.
- Luis compró el coche en Italia.

4 Sustituye los extranjerismos por una palabra castellana:

- Se colocaron los segundos en el *ranking*.
- En ese local el *show* es muy bueno.
- La compañía de teatro estuvo dos meses de *tournée*.
- Me envió un *mail* con un puzle digital.

AVANZO

5 Escribe los verbos deducir, aparecer, complacer, traducir y agradecer en la persona, el tiempo y el modo indicado:

A primera persona del singular del presente de indicativo

B segunda persona del plural del modo imperativo

6 Copia y subraya con diferente color los complementos directo e indirecto:

- He prestado la bicicleta a mi amigo.
- Dejé el libro a Gloria.
- Compramos ayer un ramo de flores a la anfitriona.
- Laura entregó las fotografías al jurado.
- Regaló un lápiz a Jorge.

7 Explica el significado de ludoteca, filmoteca, videoteca. ¿Cómo se llaman estas palabras que aparecen en la lengua para nombrar realidades que antes no existían?

8 Relaciona en tu cuaderno cada extranjerismo con su significado.

foie-gras	grupo social adinerado
play-off	programa televisivo
jet set	paté de hígado animal
reality show	fase final o segunda fase de desempate

DICTADO: Lee con atención antes de hacer el dictado.

A la mañana siguiente, David y tú os levantáis temprano y empezáis a explorar la isla. Os dirigís hacia la pequeña montaña que se encuentra en el centro de la isla. En lo alto de la montaña veis la entrada a una cueva. Decidís entrar en ella.

Dentro de la cueva hace frío y reina la oscuridad. Vuestras linternas solo consiguen iluminarla un poco. Oyes el goteo del agua procedente de alguna parte lejana. A un extremo de la estrecha cueva divisas un amplio pasadizo que parece llevar a otra sala. Hacia la parte de atrás, hay una abertura por la que apenas podría deslizarse un cuerpo. Ahora descubres algo sobre las rocas delante de ti.

Lynn Beach, *El secreto de la isla perdida*. Ed. Everest.

14 Jasón y los argonautas

Lee mejor

La lectura silenciosa

Lee el texto **en silencio** más de una vez. Vuelve atrás si no comprendes con claridad de qué personaje mitológico está hablando el narrador en cada momento.

Algunos, como Hércules u Orfeo tal vez te sonarán, otros como Jasón o Quirón te resultarán menos conocidos.

El príncipe Jasón no perdió el tiempo y envió mensajeros a todas las ciudades de Grecia para anunciar que se marchaba a buscar el Vellocino de Oro. Necesitaría la ayuda de cuarenta y nueve jóvenes de los más valientes y fuertes para remar su barco y hacer frente a los peligros del viaje. El mismo Jasón sería el quincuagésimo.

Jóvenes aventureros de todo el país se dirigieron a Yolco, con la esperanza de tomar parte en la búsqueda. Algunos de ellos habían luchado ya con los gigantes, y matado dragones. Tenían posibilidades de vivir más aventuras antes de encontrar el Vellocino de Oro y le aseguraron a Jasón que no debería preocuparse por sus vidas, y que le ayudarían a remar hasta el confín más alejado del mundo, y tan lejos como él decidiera ir.

Muchos de esos valientes habían sido educados por Quirón, el centauro, y eran, por lo tanto, viejos compañeros de Jasón. El poderoso Hércules, que más adelante sostendría el cielo, era uno de ellos. Y estaban Cástor y Pólux, los gemelos; y Teseo, conocido por haber matado al Minotauro; y Linceo con sus maravillosos y agudos ojos, que podrían ver a través de una piedra de molino o mirar hacia las profundidades de la tierra; y Orfeo, que cantaba y tocaba la lira con tanta fuerza que podía encantar a cualquier animal. Incluso podía hacer que el musgo se desprendiese de la tierra y que los árboles arrancasen sus raíces del suelo.

Vellocino: piel curtida de oveja o de carnero, con su lana.

Yolco: antigua ciudad griega.

Jasón designó a Tiphys como timonel porque contemplaba las estrellas y conocía los puntos de la brújula. Linceo, gracias a su aguda vista, se apostaba como vigía en la proa, donde veía toda la navegación que tenía por delante. Linceo podía decir exactamente qué clase de rocas o de arena había en el fondo del mar por el que navegaban y a menudo avisaba a gritos a sus compañeros de que navegaban sobre un tesoro hundido que se hallaba tan hondo que no podía ser recuperado.

Aquellos cincuenta *valientes* aventureros fueron llamados argonautas, marineros de Argo, pero cuando los héroes quisieron partir, el barco se negó a moverse. Lo empujaron y tiraron de él, pero el Argo no se deslizó hacia el mar. Finalmente, cansados, se sentaron en la orilla.

Jasón se dirigió al mascarón de proa, una mujer tallada en la madera de un roble mágico de Dodoma.

—Hija del roble parlante —imploró— , ¿qué debemos hacer para que nuestro barco llegue al agua?

—Sentaos en vuestros puestos —respondió la imagen—, sostened vuestros remos, y dejad que Orfeo toque el arpa.

Los cincuenta héroes subieron inmediatamente a bordo y, tomando sus remos, los sostuvieron en el aire mientras Orfeo deslizaba suavemente sus dedos sobre la lira. A la primera nota sintieron que el barco se movía, y la galera resbaló hacia el mar, sumergiendo en él la proa y levantándose de nuevo con la majestuosidad de un cisne. Los remeros tomaron sus cincuenta remos, la blanca espuma emergió ante la proa, el agua burbujeó a su paso, el barco parecía bailar sobre las olas. Así, triunfante, navegó el Argo fuera del puerto para comenzar la aventura de los argonautas.

Relatos, poemas y canciones del mar. Cuentos del mar.
Compilados por Cooper Edens. Ed. Juventud.

Dodoma: región y capital de Tanzania.

Galera: embarcación de vela y remo.

Comprensión lectora

Después de escuchar o leer el texto, ¡ponte a prueba!

PREGUNTAS EXPRÉS

1 Argonautas es el nombre:

a) De los compañeros de Jasón, que fueron también discípulos de Quirón.

b) De los cincuenta marineros del barco Argo que buscaban el Vellocino de Oro.

c) De 50 condiscípulos de Jasón.

2 Algunos de los argonautas son:

a) Hércules, que sostuvo el techo del mundo; Teseo, que mató al Minotauro, y Orfeo, que obraba prodigios con su música.

b) Orfeo, que mató al Minotauro; Teseo, que obraba prodigios con su música, y Hércules, que sostuvo el mundo.

c) Orfeo, que conseguía prodigios con su música; Teseo, que sostuvo el techo del mundo, y Hércules, que mató al Minotauro.

3 Para saber qué deben hacer cuando el barco no quiere moverse:

a) Se dirigen al mascarón, una imagen de mujer hecha de una piedra mágica de Dodoma.

b) Se dirigen al mascarón, una imagen de mujer hecha de un roble mágico procedente de Dodoma.

c) Se dirigen al mascarón, una imagen de sirena hecha de un roble mágico.

4 La imagen les dijo que:

a) Sostuvieran los remos en alto mientras Orfeo tocaba el arpa.

b) Remaran mientras su compañero Orfeo tocaba el arpa.

c) Remaran mientras Jasón tocaba la lira.

Trabaja con los personajes

1 Relaciona el nombre de algunos personajes de la lectura con la imagen correspondiente:

Hércules   Orfeo   Linceo   Quirón

Contesta oralmente

2 ¿Quién es Jasón? ¿Para qué envía mensajeros? ¿A dónde los envía?

3 ¿Dónde se presentan los jóvenes? ¿Qué hazañas habían realizado ya algunos?

4 ¿Qué van a buscar los argonautas?

Contesta por escrito

5 Escribe por qué era famoso el argonauta Tiphys.

6 Anota los términos del texto relacionados con el mar y la navegación.

7 ¿Con qué se identifica la proa cuando sale al mar?

8 Identifica y escribe un fragmento descriptivo de la lectura e indica cuándo aparece un diálogo y si es directo o indirecto.

9 ¿Es un texto narrativo? ¿Es fantástico o realista? Justifica la respuesta.

Reflexiona

10 Los argonautas están dispuestos a arriesgarlo todo por acompañar a Jasón en su aventura: localiza esta afirmación en el texto y di qué piensas de esta actitud.

Relaciona con tu mundo

11 Busca en una enciclopedia digital qué era el Vellocino de Oro y por qué Jasón parte en su búsqueda.

Crea tu fichero de lectura

12 Completa la ficha en tu cuaderno.

UNIDAD 14

- Título del libro:
- Resumen:
- Personajes:
- Opinión:

Palabras con h

Los **cacahuetes** son mis frutos secos favoritos.

Se escriben con **h**:

- Las palabras que empiezan por **herm-**, excepto **ermita** y sus derivados, y **hum-**, seguida de una vocal: ***herm**ano*, ***hum**anista*.
- Las palabras formadas por los prefijos: **hipo-** (***hipo**condría*), **hidro-** (***hidro**sfera*), **homo-** (***homo**logar*).
- Las palabras **derivadas** y **compuestas** que proceden de palabras que empiecen por **h**. Ejemplos: *des**h**acer*, *gentil**h**ombre*.
- Las palabras que contengan el diptongo **ue** precedido de vocal. Ejemplo: *alca**hue**ta*.

1 Copia y completa en tu cuaderno las oraciones con las siguientes palabras: parihuela, correhuela, vihuela.

- Los porteadores llevaron al herido en una …
- La … es un instrumento musical de cuerda.
- La … es una planta trepadora con flores acampanadas.

2 Completa estas oraciones con palabras que empiecen por h:

- Con sol y mucha … los campos se ponen verdes.
- El … del fuego se veía a kilómetros de distancia.
- El … es el hueso más largo de las extremidades superiores.
- El cuerpo … se divide en tres partes.

3 Relaciona las palabras con su significado:

hidrofobia	Parte de las ciencias naturales que trata de las aguas.
hidrología	El gas más abundante de la corteza terrestre.
hidroplano	Conjunto de partes líquidas del globo terráqueo.
hidrosfera	Horror al agua.
hidrógeno	Avión con flotadores para posarse en el agua.

4 Escribe palabras derivadas y compuestas que proceden de hombre.

5 Relaciona las dos filas y escribe las palabras compuestas que resulten:

A	hierba	quebranta	mal	hispano	porta
B	huesos	humor	hablante	helicópteros	buena

6 Consulta el diccionario y completa las oraciones con estas palabras: cabrahígo, pihuela, ahijar, barbihecho.

– El hombre … está recién afeitado.

– La … es la correa que llevan los halcones.

– … significa adoptar al hijo de otro.

– La … es una higuera silvestre.

Relaciono con la lectura

7 Copia y completa las oraciones con palabras de la lectura que contengan h:

– Uno de los argonautas fue el poderoso …

– Linceo era capaz de ver un tesoro … que se … en el fondo del mar.

– La imagen de madera era … del roble parlante.

TALLER DEL DICTADO

Lee el texto antes de hacer el dictado

Mi **hermano Heraclio** estaba podando la **hiedra** cuando se cayó sobre un carretillo que ponía para recoger las ramas cortadas. La **herida** que se **hizo** sangraba y no se paró a recoger las **herramientas**. El médico de familia dijo: «El **húmero** está fracturado». En ambulancia llegó al **hospital** de la ciudad, donde fue intervenido. El cirujano nos dio el diagnóstico: «Tendrá que **hacer rehabilitación** para que el **hombro** no le quede **holgado**». Mi prima **Herminia** y yo estuvimos **hospedadas** en un **hotel** que **hay** cerca del centro sanitario. El barrio estaba en fiestas y pudimos observar la **humareda** que **habían** dejado las **hogueras** del día de San Juan.

Después del dictado

1 Escribe en orden alfabético las palabras que empiezan por h.

2 Escribe una oración con cada palabra aguda sin tilde.

Clases de oraciones

Según la **actitud** del hablante, las oraciones pueden ser:

- **Enunciativas**: informan de un hecho, una idea, un pensamiento… Ejemplo: *En invierno anochece antes.*
- **Interrogativas**: preguntan sobre algo. Suelen ir entre signos de interrogación. Ejemplo: *¿A qué hora llegarás?*
- **Exclamativas**: expresan alegría, sorpresa, miedo… Van entre signos de admiración. Ejemplo: *¡Qué alegría verte de nuevo!*
- **Imperativas**: expresan una orden o un mandato. Ejemplo: *Apaga la luz del pasillo.*
- **Dubitativas**: expresan una duda. Suelen empezar por palabras o expresiones como *quizá, tal vez…* Ejemplo: *Tal vez llueva mañana.*
- **Desiderativas**: expresan un deseo. Ejemplo: *¡Ojalá ganes el premio!*

Todas las oraciones, además, pueden ser **afirmativas** o **negativas**. En las negativas se utilizan las palabras *no, nunca, jamás…*

1 Copia y escribe al lado de cada oración de qué clase es y lo que expresa:

- Ten mucho cuidado.
- Quizá venga esta tarde.
- ¡Ojalá tengas suerte!
- ¿Me acompañarás a comprar el regalo?
- Mi hermana Raquel es mayor que yo.
- ¡Qué bien lo hemos pasado en Córdoba!

2 Copia y coloca los signos de puntuación que sean necesarios:

- Cierra la ventana, por favor
- Qué has dicho Ojalá no sea así
- Qué calor hace Tienes agua
- Qué extraño Cuándo dices que ocurrió
- Pero si estás aquí Por qué no me has avisado

3 Escribe una oración para estas situaciones y di de qué clase es:

- Quieres saber cómo llegar a la dirección que buscas.
- Después de mucho entrenamiento, consigues llegar el primero.
- Informas a un compañero de que mañana no habrá clase.
- Le pides a tu padre que te compre algo.

Las interjecciones

Las **interjecciones** son palabras o grupo de palabras que equivalen a una oración. Se escriben entre signos de **admiración**. Las interjecciones pueden **imitar ruidos** (*¡plaf!, ¡zas!*); **expresar sentimientos** (*¡oh!, ¡ay!, ¡gracias!*) o **llamar** la **atención** del **receptor** (*¡eh!, ¡cuidado!*).

4 Observa las viñetas y escribe la interjección que pondrías en cada una:

5 Copia y señala las interjecciones e indica lo que expresan:

- ¡Uf! Menos mal que has llegado.
- ¡Puaf! ¡Qué malo está!
- ¡Adiós! ¡Vuelve pronto!
- ¡Enhorabuena! Te han dado el primer premio.
- ¡Ay! Me has dado con el paraguas.
- ¡Uy! ¡Casi lo consigue!
- ¡Eh! ¡Luis, te toca a ti!
- ¡Hala! ¡Vámonos de una vez!
- ¡Bah! ¡No tiene importancia!

6 Añade una oración a cada una de estas interjecciones: ¡Vaya! ¡Lástima! ¡Ah! ¡Oh! ¡Cielos!

Relaciono con la lectura

7 Copia dos oraciones enunciativas afirmativas y dos enunciativas negativas de la lectura inicial.

Palabra tabú y eufemismo

- Las palabras **tabú** son las que evitamos pronunciar porque suenan mal, molestan a los demás o producen vergüenza en las personas que las usan. Ejemplos: *ciego, váter.*
- Los **eufemismos** son las palabras o expresiones que sustituyen a las palabras tabú. Ejemplos: *invidente, aseo.*

Recuerda

La palabra **tabú** en su lengua polinesia de origen significa 'lo prohibido'.

1 Copia en tu cuaderno y relaciona las dos filas:

A feo | cárcel | loco | preso | vejez

B poco agraciado | recluso | tercera edad | centro penitenciario | enfermo mental

2 Relaciona cada palabra tabú con el eufemismo que le corresponde:

Palabra tabú	guerra	minusválido	enfermo	mendigo	manicomio
Eufemismo	paciente	conflicto bélico	indigente	hospital psiquiátrico	discapacitado físico

3 Di cuál es el eufemismo que corresponde al término tabú destacado en la oración: *En el proyecto integraron a* ***inválidos*** *y* ***ciegos***.

a) Reclusos y discapacitados. b) Ancianos e invidentes. c) Discapacitados e invidentes.

Relaciono con la lectura

4 ¿Qué eufemismos utilizarías para decir a alguien que es un «mal marinero» o que «toca muy mal el arpa»?

Juego con el lenguaje

5 Di qué palabra tabú corresponde a estos eufemismos humorísticos:

Estirar la pata, criar malvas.

Estar mal de la azotea, estar tocado del ala.

El lenguaje de la publicidad

La **publicidad** intenta convencer al cliente para que compre o actúe de un modo determinado.

El **lenguaje publicitario**, por ello, emplea muchos de los recursos habituales del lenguaje literario, como la **rima**, las **comparaciones**, las **metáforas**, las **hipérboles** o las **personificaciones**, gracias a los cuales podemos sentirnos más atraídos por el producto.

Leo y hablo

1 Observad las imágenes y leed los eslóganes. Después, indicad en qué casos hay una metáfora, una metonimia, una personificación o una hipérbole:

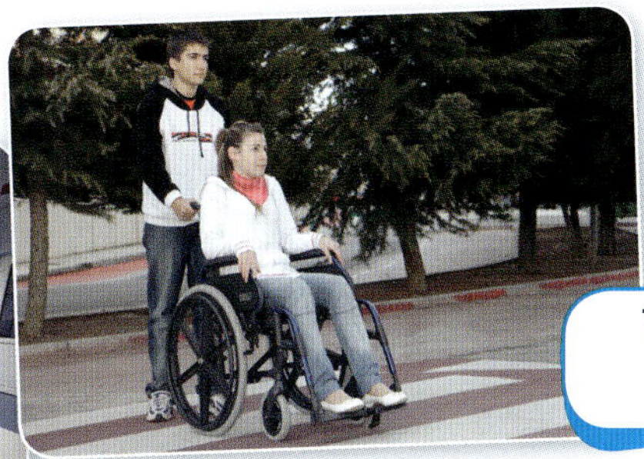

TALLER DE EXPRESIÓN

En parejas, imaginad que tenéis que inventar el nombre y el eslogan para anunciar los siguientes productos:

Un tarro de mermelada.

Un teléfono inteligente.

Un frasco de colonia.

Para ello, seguid estos pasos:

- Inventad el nombre de la marca de cada producto.
- Escribid un eslogan utilizando alguno de los recursos literarios que habéis aprendido.
- Pensad a quién va dirigido para que el nombre y el eslogan sean adecuados.

El guion cinematográfico

El **cine** y la **literatura** se parecen en que cuentan **historias**, tienen **personajes** y **argumento**. Las películas tienen, además, un **guion**.

El **guion cinematográfico** es un texto escrito que indica lo que ocurre en la **película**, lo que dicen los **personajes**, el **lugar** y el **momento** donde transcurren los hechos, los **efectos sonoros**, etc. Se organiza en **secuencias**, que son las series de planos o escenas que se refieren a una misma parte del argumento.

1 Lee este fragmento de un guion cinematográfico y responde a las preguntas:

Secuencia 8. Escena 2.

Habitación de las niñas. Interior, noche.

La habitación es de mediana amplitud. Hay dos camas, de similares características y proporciones, unidas, con sus cabeceras pegadas a una de las paredes laterales. En el centro un balcón abre sus puertas sobre el jardín. La única luz que ilumina la estancia, la de la luna, proviene de este punto. Ana se mete entre las sábanas. Al lado, sentada en la cama, Isabel ha visto interrumpida la lectura de un libro a causa de un apagón.

ISABEL.–¡Siempre igual!

ANA.–Oye...

Isabel ha cerrado los ojos, pero contesta.

ISABEL.–¿Qué...?

ANA.–Cuéntame lo que me ibas a decir.

Isabel sigue con los ojos cerrados.

ISABEL.–¿El qué?

ANA.–La película...

- ¿En qué lugar y en qué momento ocurre la escena?
- ¿Qué hacen Isabel y Ana a lo largo de la escena?

TALLER LITERARIO

En parejas, terminad la escena que acabáis de leer:

- Elegid la película que ha visto Isabel.
- Escribid el diálogo entre ambas.
- Añadid indicaciones sobre los movimientos de cada personaje.

TAREA

Escribo una crítica de cine

Vas a escribir tu propia crítica de una película.

1 Lee con atención la siguiente crítica de la última película de la saga de Harry Potter, *Harry Potter y las Reliquias de la Muerte, parte 2.*

Luces, cámara, ¡acción!

INICIO CARTELERA PELÍCULAS CRÍTICAS CONTACTO

Harry Potter y las Reliquias de la Muerte: Parte 2

Dirección: David Yates.

Reparto: Daniel Radcliffe, Emma Watson, Rupert Grint.

Nacionalidad: Reino Unido. Año: 2011.

Duración: 131 min. Color o en B/N: color.

Guion: Steve Kloves. Fotografía: Eduardo Serra.

Música: Alexandre Desplat.

En la entrega final de esta exitosa serie, Harry Potter vive su última gran aventura con Hermione y Ron, en la que se enfrentará con el Señor Tenebroso, después de un peligroso viaje por Inglaterra en busca de los objetos que contienen los fragmentos de su alma. Harry recurrirá a todos sus conocimientos mágicos para salir con vida...

El director de esta película es quien mejor ha sabido plasmar en la pantalla la esencia de las novelas de J. K. Rowling. La variedad de temas que toca (la amistad, la lealtad a los principios éticos, etc.) están bien descritos y son coherentes con el resto de las películas de la saga. Los personajes están perfilados con rigor y los actores realizan unas interpretaciones creíbles y llenas de fuerza.

2 Identifica qué textos de la crítica corresponden a la **ficha técnica**, la **sinopsis** (o resumen) y la **opinión** del crítico.

3 Escribe la crítica de una película. Para ello:

– Busca la información necesaria para completar la ficha técnica, siguiendo el modelo anterior de Harry Potter.

– Haz un resumen de la historia que no ocupe más de ocho líneas.

– Escribe tu opinión a partir de este modelo:

Esta película trata varios temas, como … Las acciones se desarrollan de forma … Los actores protagonistas me han parecido … ; destacaría entre los secundarios a … porque …

En general la recomendaría por … ; sin embargo no me ha gustado …

4 Puedes escribir tu texto en el ordenador.

Repaso de la unidad

RESUMO

Copia y completa el esquema de contenidos.

Ortografía

- Se escriben con **h**:
  - Las palabras que empiezan por … y …
  - Las palabras formadas por los prefijos … , … y …
  - Las … **derivadas** y … que proceden de palabras que empiecen por …
- Se escriben con … intercalada las palabras que contengan el diptongo … precedido de vocal.

Gramática

- Según la **actitud** del hablante, las oraciones se clasifican en
  - enunciativas
  - …
  - …
  - imperativas
  - …
  - …
- Las **interjecciones** son …

Vocabulario

- Las palabras **tabú** son … Los **eufemismos** son …

Expresión oral y escrita

- El **lenguaje publicitario** emplea recursos literarios como la … , la … , la … y la …

Literatura

- El **guion de un película** es un texto que … Se organiza en …

1 Completa estas oraciones con las palabras hemisferio, hidrógeno, hipódromo, deshojar.

- En el … se celebran carreras de caballos.
- Me gusta … la margarita.
- El agua contiene oxígeno e …
- En el … sur el verano empieza en diciembre.

2 Escribe oraciones en tu cuaderno añadiéndolas a estas interjecciones:

¡cuidado! ¡ajá! ¡anda ya! ¡ojo!

3 Indica cómo son las oraciones según la actitud del hablante:

- Préstame tu diccionario.
- Quizá lo encuentre por la calle.
- ¡Qué bien has jugado!
- No llegó a tiempo.
- ¡Ojalá haya venido!

4 Copia y completa con interjecciones:

- … No me lo creo.
- … ¡Lo he conseguido!
- … Has obtenido el primer premio.

AVANZO

5 Copia las palabras y completa con h las que lo necesiten:

_ipocondríaco	_ermitaño
des_acemos	_úmero
_ermandad	in_umanidad

6 Copia este diálogo y subraya cada oración con colores diferentes indicando su clase:

—¿Cuándo vendrán tus amigos?

—Quizá vengan la próxima semana. Han dicho que llamarán dos días antes.

—¡Qué bien, iremos al parque de atracciones! No te olvides de sacar las entradas.

—¡Ojalá se queden varios días!

7 ¿Qué palabra tabú evitan estos eufemismos?

- Es alopécico.
- Ha ido al servicio.
- Tiene discapacidad auditiva.

8 Crea un eslogan para anunciar estos objetos:

DICTADO: Lee con atención antes de hacer el dictado.

Estaba nublado y hacía frío cuando alcanzaron el pie del Peñascal, ya cerca de mediodía.

Había dejado el todoterreno en el fondo del barranco y habían subido cargados con los materiales de escalada.

Ion iba detrás de su padre llevando la mochila con la comida y la cantimplora con el agua; le palpitaba el corazón cada vez que levantaba la cabeza y veía las botas resistentes de su padre, la mole firme del Peñascal y, más arriba, la cumbre: su primera escalada, su regalo de cumpleaños, su meta.

Avelino Hernández, *El valle del infierno*. Ed. Anaya.

15 Poesía cotidiana

Lee mejor

La lectura expresiva

Antes de **leer** los poemas, **escúchalos** y presta atención a la **entonación**, el **ritmo** de los versos y la **expresividad**. Después, **realiza** una **lectura** en voz alta en la que cuides estos tres aspectos.

La palma de mi mano

La palma de mi mano
parece un viejo mapa
de papel arrugado.

Un mapa donde veo
caminos que se cruzan,
montañas y desiertos.

Si lo miro de cerca,
me acarician las nubes,
los ríos me reflejan.

Puedo borrar de un soplo
mis pasos en la arena,
las hojas del otoño.

En este viejo mapa,
puedo llegar muy lejos
sin salir de mi casa.

Cuando cierro la mano,
oigo silbar al viento,
la lluvia en el tejado.

La mesa donde escribo

1

La mesa donde escribo
es también
la mesa donde pelo una naranja
es también
la mesa donde pongo tu retrato
es también
la mesa donde riego mi maceta
es también
la mesa donde leo y a la vez
en mi taza deslío azucarillos
es también
la mesa donde escribo.

2

La mesa donde escribo
camina a cuatro patas,
se tambalea al ritmo de la música,
crece en medio de un bosque,
navega a la deriva por el mar.

3

La mesa donde escribo
está llena
de todo lo que tengo,
de todo lo que quiero,
de todo lo que sueño.
A veces, rebuscando,
encuentro una palabra
y salta entre mis dedos,
como una rana entre los juncos
de un manantial secreto.

J. C. Martín, *La alfombra mágica*.
Ed. Anaya.

Comprensión lectora

Después de escuchar o leer el texto, ¡ponte a prueba!

PREGUNTAS EXPRÉS

«La palma de mi mano»

1 La palma de la mano le parece al poeta:

a) Un desierto con palmeras y arena.
b) Caminos con hojas caídas de los árboles.
c) Un mapa arrugado.

2 Cuando el poeta cierra la palma de la mano:

a) Siente que las nubes le acarician.
b) Siente que la lluvia le acaricia.
c) Oye la lluvia fuera y silbar al viento.

«La mesa donde escribo»

3 En la mesa donde escribe el autor también:

a) Pone una maceta, un retrato, lee o pela fruta.
b) Pone las facturas, una maceta, un retrato.
c) Abre las cartas y ordena las facturas.

4 La mesa está llena con lo que el poeta:

a) Ha perdido y sueña con recuperar.
b) Tiene, quiere y sueña.
c) Sueña.

Trabajo con los versos

1 Algunos versos se han confundido de poema. Colócalos donde corresponda.

Contesta oralmente

2 ¿En qué persona están escritos los dos poemas?

3 ¿Qué hace el poeta en la mesa que esté relacionado con su trabajo?

4 ¿Qué paisajes imagina el poeta mirando la palma de su mano? ¿Son paisajes cercanos?

5 ¿Para qué le sirve imaginar esos paisajes?

Contesta por escrito

6 Escribe dos personificaciones que veas en la segunda parte del poema «La mesa donde escribo».

7 ¿Con qué compara a una palabra al final de ese poema?

8 ¿Cuántas sílabas tienen los versos de «La palma de mi mano»? ¿Cómo riman? ¿Cuántos versos tiene cada estrofa?

9 Mide la parte 3 de «La mesa donde escribo».

10 Elige las opciones correctas y completa el texto:

En los dos poemas el autor parte de objetos o situaciones extrañas / cotidianas, como son la … y la … para expresar que escribir para él es una actividad entre otras / es toda su vida y que la imaginación / la palma de su mano le ayuda a …

Reflexiona

11 ¿Crees que los objetos y las actividades de la vida cotidiana tienen belleza y proporcionan felicidad?

Relaciona con tu mundo

12 Existen otros objetos cotidianos que la literatura ha convertido en elementos mágicos que permiten incluso volar, como sucede en el cuento *El cofre volador,* de Hans Christian Andersen. Buscadlo en la página web www.ciudadseva.com/textos/cuentos/euro/andersen/el_cofre_volador.htm. Después leedlo en grupo y elaborad un resumen.

Crea tu fichero de lectura

13 Completa la ficha en tu cuaderno:

UNIDAD 15

- Nombre del autor:
- Título del libro:
- Los versos que más me han gustado son:

Las palabras homófonas

Palabras homófonas con **b** y con **v**:

- **Barón**: *Su tío tenía el título de* ***barón****.* **Varón**: *Su hijo era un* ***varón****.*
- **Bienes**: *Ha malgastado todos sus* ***bienes****.* **Vienes**: *¿****Vienes*** *o no?*
- **Botar**: *¡Deja ya de* ***botar*** *el balón!* **Votar**: *Pronto podré* ***votar****.*
- **Haber**: *Estaba contento por* ***haber*** *aprobado.* **A ver**: *Ven* ***a ver*** *esto.*
- **Tubo**: *El* ***tubo*** *de escape hacía mucho ruido.* **Tuvo**: *Él* ***tuvo*** *vacaciones.*

Palabras homófonas con **ll** y con **y**:

- **Pollo**: *Hoy comeremos* ***pollo****.* **Poyo**: *Me senté en el* ***poyo*** *de la puerta.*
- **Rallar**: *Ayúdame a* ***rallar*** *el pan.* **Rayar**: *Ten cuidado para no* ***rayar*** *la mesa.*

En algunas zonas de España los sonidos **ll** e **y** se distinguen, pero en otras se confunden.

Palabras homófonas sin **h** y con **h**:

- **Desecho**: *Tíralo porque es material de* ***desecho****.* **Deshecho**: *He* ***deshecho*** *la cama.*
- **Echo**: *Cada desecho lo* ***echo*** *en su contenedor.* **Hecho**: *Ya he* ***hecho*** *el trabajo.*
- **Onda**: *Tiene una* ***onda*** *en el pelo.* **Honda**: *Era una laguna muy* ***honda****.*
- **Asta**: *Ese toro tenía buenas* ***astas****.* **Hasta**: ***Hasta*** *mañana no llegará.*
- **Errar**: *No suele* ***errar*** *en sus respuestas.* **Herrar**: *Hay que* ***herrar*** *a este caballo.*
- **Ojear**: *El pastor* ***ojeó*** *las ovejas en el prado.* **Hojear**: ***Hojeaba*** *el libro muy despacio.*

Recuerda

Las **palabras homófonas** se pronuncian igual, aunque pueden escribirse de forma diferente, y tienen distinto significado. Ejemplos: *erró* y *herró*, *tubo* y *tuvo*.

1 Con ayuda del diccionario explica el significado de la palabra destacada en cada una de estas oraciones:

- Ese **bacilo** causa una grave enfermedad.
- Aquel vecino tenía un lenguaje muy **basto**.
- ¡Qué **bello** es este paisaje!
- **Vacilo** porque estoy indeciso.
- Desde su casa veía un **vasto** paisaje.
- Tiene mucho **vello** en el cuerpo.

2 Completa estas oraciones en tu cuaderno con la palabra adecuada:

- Si … (vienes/bienes) esta tarde, te enseño mi guitarra nueva.
- … (Grabe/Grave) los discos cuando pueda.
- Casi le … (arrollo/arroyo) al pasar a su lado.
- Yo siempre …. (ajito/agito) el batido.

3 Escribe palabras homófonas de las siguientes con h y sin h:

cuerno	preposición
ondulación	profunda
equivocarse	poner herraduras
mirar	pasar las hojas de un libro

4 Escribe una oración con cada una de estas palabras: bienes, botar, haber, poyo, rayar, deshecho, honda, hasta.

5 Copia y completa las oraciones con las palabras e, he, ¡Eh!:

Relaciono con la lectura

6 En la tercera estrofa del primer poema hay una palabra homófona de otra. Escribe una oración con cada una de ellas.

7 Piensa en un sinónimo de cabello y di qué palabra homófona aparece en el segundo poema.

TALLER DEL DICTADO

Lee el texto antes de hacer el dictado

El domingo acompañé a mi padre a **votar** al colegio electoral. Allí le pidieron su carné de identidad. «¡**A ver** si no lo **ha** traído!», pensé. Pero sí lo tenía. Después fuimos a comer **a** un restaurante. Yo **hojeé** un poco la carta y pedí una hamburguesa de **pollo**. En el postre, me regalaron un **tubo** lleno de lápices de colores. **Haber** ido a aquel restaurante fue todo un éxito.

Después del dictado

1 Escribe las palabras homófonas destacadas en el texto junto a su significado.

Las lenguas de España

En España hay algunas comunidades autónomas que son **bilingües**, es decir, sus habitantes pueden comunicarse en dos lenguas. Estas comunidades son **Cataluña**, **Islas Baleares**, **Comunidad Valenciana**, **Galicia** y **País Vasco**.

- Todas las **comunidades bilingües**, tal como se refleja en el artículo 3 de la Constitución, tienen dos lenguas oficiales: la **vernácula** (la propia) y el castellano. En las restantes comunidades autónomas, la **lengua oficial** es el **castellano**.

Todas las **lenguas de España, excepto el euskera,** hablado en el País Vasco y en parte de Navarra, proceden del latín, es decir, son lenguas **románicas** o **romances**.

- El **euskera** es la única lengua que se conserva de la época anterior a la llegada de los romanos. Su origen sigue siendo desconocido.

Recuerda

En **España** se hablan diferentes lenguas, lo que hace que la **riqueza cultural** de nuestro país sea enorme.

Además, no todos los hablantes de una lengua lo hacen de la misma manera, pero esas diferencias no impiden que puedan comunicarse con facilidad.

Todas las **lenguas** merecen el mismo **respeto**, sin importar su número de hablantes.

1 Escribe en tu cuaderno, al lado de cada una de estas ciudades, la lengua o lenguas que hablan sus habitantes:

Soria	Bilbao	Cáceres	Tarragona
Huesca	Burgos	Ciudad Real	Barcelona
Vigo	Pontevedra	Ourense	Santander

2 Escribe por qué comunidades autónomas pasarías yendo en línea recta (utiliza un mapa y una regla) desde A Coruña hasta Barcelona. ¿Qué lenguas se hablan en todas esas comunidades?

3 Lee estos dos versos del poeta andaluz Federico García Lorca escritos en gallego, catalán y euskera, y escribe las palabras equivalentes de llueve, dulce, mi y amor que aparecen en cada versión.

El español de América

Se denomina **español de América** a las diferentes variedades del idioma español que se hablan en los países americanos (en Centroamérica y casi todos los países suramericanos).

Además de en España e Hispanoamérica, el español se habla en otras partes del mundo, como en Guinea Ecuatorial y las islas Filipinas.

El español se ha convertido en la segunda lengua por número de hablantes nativos (más de 500 millones de hablantes).

4 Haz una lista con los nombres de los países suramericanos en los que se habla español.

5 Busca en una enciclopedia digital información sobre estos escritores hispanoamericanos que han recibido el Premio Nobel de Literatura.

Mario Vargas Llosa.

Gabriela Mistral.

Gabriel García Márquez.

Relaciono con la lectura

6 Escribe las palabras mesa, mano y viento en las demás lenguas oficiales de España.

Siglas y acrónimos. Abreviaturas

Las **siglas** se forman uniendo las letras iniciales de varias palabras. Las siglas se suelen escribir con mayúsculas, sin puntos, y carecen de plural.

- Generalmente se refieren a instituciones y organismos políticos, económicos, culturales, empresariales…, pero también a instrumentos y objetos: *TVE (Televisión Española), PDI (pizarra digital interactiva).*

Los **acrónimos** son las siglas que se pronuncian como una palabra.

- Algunos ejemplos de acrónimos son: *ovni (objeto volante no identificado), uci (unidad de cuidados intensivos).*

Las **normas** para escribir **abreviaturas** son:

- Al final de cada abreviatura se escribe un **punto** (hay algunas excepciones).
- En la abreviatura se escribe **tilde** si contiene la vocal que la lleva en la palabra entera: ***tít.*** *(título).*
- El **plural** se forma añadiendo una **s** o duplicando la letra inicial: ***Uds.*** *(ustedes),* ***VV. AA.*** *(varios autores).*

Recuerda

Con la **abreviatura** se representa una palabra por medio de su letra inicial, sola o acompañada por otras letras. Ejemplo: ***doc.*** *(documento).*

1 Completa en tu cuaderno las siguientes oraciones:

– ONG y DNI son siglas, porque … y se refieren a …

– AVE y DRAE son acrónimos, porque … Se refieren a …

– P. ej. y dcha. son abreviaturas, porque … y representan a…

2 Escribe el significado de estas siglas y acrónimos: PVP, TIC, IVA, IES.

3 Escribe las palabras que corresponden a estas abreviaturas utilizadas en el diccionario: abrev., adv. t., conj., pron. dem., suf., s., prep., sing.

4 Escribe las abreviaturas que corresponden a estas palabras: avenida, instituto, página, hermano, apartado, calle, firmado, cuenta.

Relaciono con la lectura

5 Busca en el diccionario mesa y palma, y escribe las abreviaturas que aparecen en cada entrada.

Juego con el lenguaje

6 Inventa siglas y acrónimos relacionados con objetos de tu vida cotidiana. Por ejemplo, *MDT: siglas de «mesa de trabajo».*

Otras **siglas** y **acrónimos** habituales son:

ORA (ordenanza reguladora de aparcamiento).

ATS (ayudante técnico sanitario).

DGT (Dirección General de Tráfico).

COE (Comité Olímpico Español).

OMS (Organización Mundial de la Salud).

RAE (Real Academia Española).

El anuncio publicitario

Habitualmente son muchos los anuncios que podemos leer, escuchar o ver.

Un **anuncio** es un mensaje en el que se intenta convencer de las buenas cualidades de un producto.

Los **anuncios** van acompañados de un **eslogan**, y, según el medio de comunicación al que estén destinados —prensa, radio, televisión, Internet—, incorporan **imagen**, **música** y **sonidos**.

Recuerda

Para **opinar** sobre un **anuncio publicitario** hay que fijarse en la **adecuación** de los elementos verbales y no verbales (imagen y sonido) y hacer una **valoración crítica** de lo que venden.

Observo y hablo

1 Elegid eslóganes publicitarios de anuncios en radio y televisión y anotadlos en vuestro cuaderno. Después, contestad a las preguntas:

- ¿A qué productos se refiere los eslóganes?
- ¿Creéis que la imagen, la música y el sonido están bien elegidos?

2 Elegid un anuncio de televisión que os guste y comentadlo:

- Indicad qué historia cuenta, qué música suena y cuál es su eslogan.
- Haced una valoración crítica de lo que propone:
  - Fijaos en cómo son las personas que aparecen en él, qué transmiten.
  - Reflexionad sobre lo que promete el anuncio.
  - Pensad si seréis más felices, más ricos, más guapos, más modernos, etc., si lo compráis y dad vuestra opinión.

TALLER DE EXPRESIÓN

Formad parejas para elaborar el anuncio radiofónico de la prenda de vestir de la fotografía: una parka. Para ello:

- Inventad un eslogan.
- Elegid la música para acompañarlo.
- Para dramatizar el anuncio, buscad un tono de voz adecuado al producto anunciado y ensayad hasta conseguir el resultado deseado.
- Valorad de manera crítica el anuncio de vuestros compañeros y tomad nota de los comentarios que os hagan

La literatura y la prensa escrita

En ocasiones, la **literatura** y el **periodismo** se acercan:

- Hay **textos literarios**, sobre todo novelas y obras de teatro, que tienen su origen en noticias.
- Hay **géneros periodísticos**, como la **crónica**, que tienen algunas similitudes con la literatura: la crónica aparece en prensa con cierta periodicidad, lo que establece una relación entre el cronista y el lector, y el lenguaje, aunque objetivo, plasma el estilo personal del periodista.

Recuerda

Las **noticias** relatan de modo objetivo hechos reales y de actualidad. En la **literatura**, sin embargo, importa el punto de vista del escritor y la forma de narrar los hechos de ficción.

1 Lee el fragmento siguiente del libro *Relato de un náufrago*, de Gabriel García Márquez. Se trata de una crónica:

Cuando miré el reloj en la balsa, eran las doce en punto. Me pareció que hacía mucho tiempo que todo había ocurrido, pero en realidad solo habían transcurrido diez minutos desde el instante en que vi por última vez el reloj, en la popa del destructor y el instante en que alcancé la balsa y traté de salvar a mis compañeros, y me quedé allí, inmóvil, de pie en la balsa, viendo el mar vacío, oyendo el cortante aullido del viento y pensando que transcurrirían por lo menos dos o tres horas antes de que vinieran a rescatarme.

«Dos o tres horas», calculé. Me pareció un tiempo desproporcionadamente largo para estar solo en el mar. Pero traté de resignarme. No tenía alimentos ni agua y pensaba que antes de las tres de la tarde la sed sería abrasadora. El sol me ardía en la cabeza, me empezaba a quemar la piel, seca y endurecida por la sal. Como en la caída había perdido la gorra, volví a mojarme la cabeza y me senté al borde de la balsa [...].

Según el autor, es «la reconstrucción periodística de lo que le contó el único superviviente en el naufragio de un barco, tras permanecer diez días a la deriva en una balsa». Apareció en un periódico de Bogotá como una sucesión de crónicas.

- ¿Quién es el narrador de la historia? ¿En qué persona gramatical narra y qué efecto crees que se consigue con ese modo de narrar?
- ¿Qué adjetivos utiliza el autor para describir el **mar** y el **viento**? ¿Qué consigue el autor con este uso del lenguaje?

TALLER LITERARIO

Convierte el texto siguiente en una narración literaria en primera persona:

El náufrago sintió dolor en su rodilla derecha. Vio que la herida era profunda y que ya estaba seca gracias a la sal del mar.

TAREA

COMPETENCIAS

Diseñamos una campaña publicitaria

Vais a diseñar una campaña publicitaria audiovisual destinada a conseguir material escolar para escuelas africanas.

En grupo

1 Antes de realizar la grabación de vuestra campaña, seguid estos pasos:

1 Investigad sobre la situación de las escuelas en África, y preparad un texto explicativo. Por ejemplo, en la página de unicef (www.unicef.es) aparece este texto, que os puede servir de modelo:

> **Las escuelas son instituciones sociales dedicadas a la enseñanza. Puede haber una escuela en una casa, en un patio, en una tienda de campaña o incluso debajo de un árbol. De hecho estos son los tipos de escuelas más frecuentes en muchos lugares de África. La falta de medios, el deterioro de las construcciones y la necesidad de usar los edificios para otros fines hace que miles de niños y niñas recorran kilómetros cada día para asistir a escuelas, abarrotadas que carecen de lo más básico.**
>
> «Escuelas para África: La educación transforma vidas».

2 Seguid el modelo de las fotografías de la derecha y buscad en Internet imágenes de escuelas africanas, donde se vea su falta de medios y precariedad, y de colegios occidentales.

Pegad las imágenes en una cartulina.

3 Elaborad una lista de los materiales que necesitarían las escuelas africanas.

4 Elegid un punto de recogida del material que os den.

5 Pensad en un eslogan para la campaña, motivador y breve, y buscad una música adecuada que suene durante el anuncio.

2 Una vez preparado todo el material, grabad un vídeo:

- Un compañero se encargará de grabar con una cámara el anuncio y otro, de que suene la música mientras se realiza la grabación.
- Otros tres se encargarán de exponer la situación de las escuelas en África, comparar las imágenes de esas escuelas y las de la vuestra, informar del material que se necesita y del lugar de la recogida.
- Finalmente, todos diréis el eslogan ante la cámara.

REPASO DE LA UNIDAD

RESUMO

Copia y completa el esquema de contenidos.

Ortografía

- Palabras **homófonas** son las que … pero tienen …

Gramática

- En España hay comunidades … que tienen dos …
- Las **comunidades bilingües** de España son … , Islas … , … , … y … En el resto de las … la única **lengua oficial** es el …
- Todas las lenguas de España, excepto el … , proceden del …
- Las … del español habladas en los países … se denominan **español de** …

Vocabulario

- Las **siglas** se forman … Se suelen escribir con … , sin … y carecen de …
- Si las siglas se pronuncian como una palabra se llaman …
- Con la **abreviatura** se representa una palabra por medio de … Al final de la abreviatura se escribe …; la abreviatura lleva tilde si … ; el **plural** de las abreviaturas se forma …

Expresión oral y escrita

- Los **anuncios** aparecen en diferentes … , van acompañados de … y pueden incorporar …

Literatura

- Hay **relatos literarios** que se basan en … , y **géneros periodísticos** que se acercan a …

1 Completa estas oraciones con:

a ver   haber

- … cuándo volvéis por aquí.
- Por … llegado tarde, no pude jugar.
- Vamos … los deberes de ayer.
- Me duele la tripa por … comido tanto.
- Vamos … una película.
- El verbo … se escribe con **b**.

2 Utiliza el diccionario y completa en tu cuaderno las siguientes oraciones con la palabra adecuada:

hulla/huya	valla/vaya
malla/maya	halla/haya

- La gruta se … en lo alto del monte.
- Una … es un tejido poco tupido.
- Los caballos saltaron la … y se escaparon.
- La … es un tipo de carbón.

3 Investiga y escribe cómo se dice gracias y buenos días en catalán, euskera y gallego.

4 Consulta el diccionario y di de qué lenguas proceden las siguientes palabras: morriña, fuet, filloa, angula, fideuá, ikastola.

5 Copia en tu cuaderno y relaciona cada sigla, acrónimo y abreviatura con su significado:

UCI	Formación Profesional
m.	Enseñanza Secundaria Obligatoria
EMT	Boletín Oficial del Estado
ESO	Departamento
BOE	Empresa Municipal de Transporte
Dpto.	Documento nacional de identidad
FP	Unidad de cuidados intensivos
DNI	masculino

AVANZO

6 Copia y completa con estas palabras: bota/ vota; tubo/tuvo; deshecho/ desecho.

- Mientras ella … el día de las elecciones, la niña … la pelota.
- Tienes que separar los … para reciclar.
- Con un … de plástico… suficiente.
- He … todo el jersey para reutilizar la lana.

7 Copia y completa estas oraciones con:

ahí hay ¡ay!

- … que encontrar el bolígrafo. Quizá esté en ese cajón de …
- … ¡Qué pinchazo me he dado!
- En la habitación … mucho desorden y … que ordenarla.
- … ¡Cómo me duele la muela!
- Te esperaré … sentado.

8 ¿En qué país de Suramérica no se habla castellano? ¿Cuál es su idioma?

9 Investiga y escribe cinco palabras del castellano que proceden de las lenguas vernáculas de los indígenas de América.

10 Copia cada abreviatura y escribe al lado la palabra completa:

p. ej.: …	pl.: …
rte.: …	admón.: …
gta.: …	cap.: …
pág.: …	atte.: …

DICTADO: Lee con atención antes de hacer el dictado.

Érase un buen herrero que tenía dos narices: una para todos los días y otra para los días de fiesta. La nariz de todos los días estaba llena de verrugas y forunculillos; la de las fiestas, en cambio, era tersa, suave y muy brillante: una preciosidad. Los domingos por la mañana, el herrero llamaba a su mujer y le decía:

—Rosa, dame la nariz de los días festivos.

Rosa sacaba la nariz de una cajita que tenía en la cómoda, el herrero se quitaba la nariz fea, la ponía sobre la mesilla, y por último se ajustaba la nariz guapa en la cara.

Gianni Rodari, *Juegos de fantasía*. Ed. Edelvives.

REPASO TRIMESTRAL

Ortografía

1 Completa estas oraciones con ll o con y:

- Me gusta más el solomi_o que el po_o.
- A_er un camión arro_ó a un chiqui_o que cruzaba la ca_e.
- La va_a separa el prado del arro_o para que no salgan los bue_es.
- Un incendio destru_ó la buhardi_a.

2 Escribe estas palabras añadiendo s o x:

e…traño	tóra…
a…fi…iante	e…tremidades
e…cur…ión	e…primidor
…enófobo	cone…ión

3 Copia y escribe d o z, según corresponda:

efica…	fuga…	cáli…
capa…	disfra…	cicatri…
socieda…	noveda…	andalu…
varieda…	atrocida…	mita…
humeda…	barni…	majesta…

4 Escribe en orden alfabético diez palabras con h- o h intercalada.

5 Escribe una oración con cada palabra homófona: ralla/raya, hierva/hierba.

Gramática

6 Copia y subraya con distintos colores el sujeto y el predicado y señala el núcleo de cada uno:

- La nueva bicicleta de Carlos tiene muy buenos frenos.
- Tu hermano disfruta con el baloncesto.
- Vinieron todos con sus meriendas.
- El equipo español ha ganado el Campeonato del Mundo.
- El castillo del pueblo fue reconstruido.

7 Sustituye los complementos directos por el pronombre correspondiente, como en el ejemplo:

*Juan pinta **un cuadro.** Juan **lo** pinta.*

- Mi padre abrió las ventanas.
- Un mensajero llevó los libros.
- Compramos la fruta en el mercado.
- Recibieron al compañero entre aplausos.

8 Completa en tu cuaderno estas oraciones con un complemento indirecto:

- Lleva unos pasteles …
- Di un abrazo …
- Los amigos prepararon una fiesta …
- Contaré un cuento …

9 Copia y subraya con colores diferentes los complementos (CD, CI, CC) de estas oraciones:

- Rocío encargó el lunes una tarta a su pastelero.
- Manuel compró una caja de bombones a Elisa en la pastelería.
- El camarero sirvió la comida a los clientes rápidamente.

10 Relaciona cada comunidad autónoma con la fórmula de despedida correspondiente:

Galicia	País Vasco	Cataluña
Agur	Adéu	Adeus

Vocabulario

11 Sustituye la palabra comodín por otra más precisa:

- Mi padre hizo arroz con tomate.
- Los albañiles hacen una casa.
- Rafael Alberti hizo muchos poemas.
- No hice todas las preguntas del examen.

12 Escribe en cada caso las siglas y acrónimos correspondientes:

- Dirección General de Tráfico
- Organización Mundial de la Salud
- Organización de las Naciones Unidas
- Organización Nacional de Ciegos Españoles
- Unidad de vigilancia intensiva
- Consejo Superior de Investigaciones Científicas

13 Busca en el diccionario y escribe el significado de los siguientes neologismos: ciberespacio, multicine, ecosistema.

DICTADO: Lee con atención el texto para preparar el dictado.

Zon el Gigante abrió los ojos y parpadeó, complacido. El aire de la mañana, seco y transparente, dejaba ver un cielo azul, sin una sola nube. La primavera estaba cerca, y un aroma a vida nueva flotaba por doquier.

Zon estiró los brazos. Había dormido sobre hierba mullida, y no había despertado en toda la noche, tibia por lo demás y luminosa. Miró a su alrededor, y vio cómo pujaban y se multiplicaban las flores tempraneras: las trompetas blancas de los narcisos, el fulgor amarillo de los eritronios, la lluvia rosa de los almendros, el rebullón violeta de las primaveras, el rojo esbelto de los tulipanes…

Carlos Murciano, *El gigante que perdió su bota*. Ed. Anaya.

23 **RINCÓN POÉTICO:** Memoriza y recita el poema.

Hay un día feliz

A recorrer me dediqué esta tarde
las solitarias calles de mi aldea
acompañado por el buen crepúsculo
que es el único amigo que me queda.
Todo está como entonces, el otoño
y su difusa lámpara de niebla,
solo que el tiempo lo ha invadido todo
con su pálido manto de tristeza.
Nunca pensé, creédmelo, volver
a ver esta querida tierra,
pero ahora que he vuelto no comprendo
cómo pude alejarme de su puerta.
Nada ha cambiado, ni sus casas blancas
ni sus viejos portones de madera.
Todo está en su lugar; las golondrinas
en la torre más alta de la iglesia;
el caracol en el jardín; y el musgo
en las húmedas manos de las piedras.
No se puede dudar, este es el reino
del cielo azul y de las hojas secas.

Nicanor Parra, «Poemas y antipoemas» en *Antología de la poesía hispanoamericana contemporánea*. Ed. Alianza Editorial.

Paisaje de otoño, *de Aureliano de Beruete.*

Apéndice

Reglas ortográficas:
En estas páginas encontrarás las reglas ortográficas que has estudiado en este curso.

Conjugaciones verbales:
- Las conjugaciones de los verbos **saltar**, **aprender** y **partir** que te servirán de modelo para todos los verbos regulares de la 1.ª, 2.ª y 3.ª conjugación.
- Las conjugaciones de los verbos irregulares: **haber** (que te servirá para aprender mejor las formas compuestas de todos los demás verbos), **ser**, **estar**, **saber** e **ir**.

Acentuación de palabras

- **Palabras agudas:** llevan tilde cuando terminan en **vocal**, **-n** o **-s**: *buzón, abril, valor, sofá, cortés, arroz, genovés, andén, colibrí.*
- **Palabras llanas:** llevan tilde cuando terminan en consonante que no sea **-n** ni **-s**: *tango, hábil, examen, ángel, mástil, fácil, cráter.*
- **Palabras esdrújulas:** todas llevan tilde: *sílaba, tíralo, plátano, mágico, espárrago.*
- **Palabras sobreesdrújulas:** todas llevan tilde: *diciéndomelo.*
- Las **letras mayúsculas** llevan tilde cuando corresponde según las reglas de acentuación: *Álvaro, Ávila, Úbeda, Ángela, Óscar…*

Acentuación de monosílabos. Tilde diacrítica

Los monosílabos no llevan tilde. Constituyen una excepción los monosílabos que llevan **tilde diacrítica**: *el/él, tu/tú, si/sí, de/dé, se/sé, mi/mí…*

Acentuación de palabras compuestas

La palabras conservan la tilde al formar palabras compuestas separadas por un guion: *histórico-crítico, franco-alemán, teórico-práctico.*

Las que no llevan guion siguen las normas generales de acentuación: *enhorabuena.*

Acentuación de diptongos, triptongos y hiatos

- En el **diptongo**, la tilde se coloca sobre la vocal abierta o sobre la segunda vocal si las dos son cerradas: *sab**éi**s, comprend**ió**, audic**ió**n.*
- En los **triptongos** la tilde recae sobre la vocal abierta: *camb**iái**s, reconcil**iéi**s.*
- En los **hiatos** formados con una vocal abierta y una cerrada la tilde se escribe sobre la vocal cerrada: *fr**ío**, Alme**ría**, b**úh**o, ba**úl**, act**úa**.*

La tilde en interrogativos y exclamativos

Algunas palabras llevan tilde cuando aparecen en oraciones exclamativas o interrogativas: **qué**, **cuál**, **cuáles**, **quién**, **quiénes**, **dónde**, **adónde**, **cuánto**, **cuánta**, **cuántos**, **cuántas**, **cuándo**, **cómo**.

*¿**Cómo** lo has hecho? ¿**Dónde** está Juan? ¡**Qué** susto me has dado! ¡**Cuántos** han venido!*

El punto y la coma

- El **punto** señala el final de una oración (punto y seguido), un párrafo (punto y aparte) o un texto (punto y final).
- La **coma** se usa para separar los elementos de una enumeración, para aislar un nombre al que se llama, para señalar una aclaración o para indicar que se ha omitido un verbo que ya se ha mencionado antes.

  Niña, siéntate bien. Lola, mi vecina, es generosa.

El punto y coma; los dos puntos; los puntos suspensivos

- El **punto y coma** se utiliza para separar oraciones cuyos significados tienen relación: *Ayer hicimos la mudanza; algunas cajas se han perdido.*
- Los **dos puntos** aparecen delante de las palabras textuales que alguien ha dicho o de los elementos de una serie: *El guardia dijo: «Esperen a que se abra el semáforo».*

  En esa tienda venden de todo: jabones, alfombras, objetos de regalo y juguetes.
- Los **puntos suspensivos** indican que una enumeración o una oración no está completa: *Me gustan las bebidas: el café, los zumos, el agua…*

Comillas y paréntesis

- Las **comillas** se utilizan para reproducir literalmente las palabras dichas o escritas por alguien, para indicar que una palabra es extranjera o para citar títulos de libros, trabajos, etc.: *El abogado dijo: «No han dicho la verdad». El «sprint» fue impresionante. «Carmen» es una ópera.*
- Aparecen los **paréntesis** cuando se hace una aclaración o comentario, para añadir a una información algún dato concreto o en las acotaciones de las obras teatrales: *Federico García Lorca (autor del* Romancero Gitano) *es uno de los mejores poetas del siglo* XX.

Palabras con b y con v

- Se escriben con **b** las palabras que empiezan por **bi-**, **bis-**, **biz-** y los verbos acabados en **-bir** y **-buir**: ***bi**nomio, **bis**abuelo, **biz**co, conce**bir**, retri**buir**.*
- Se escriben con **v** las palabras que empiezan por **eva-**, **eve-**, **evi-**, **evo-**, **vice-** y las formas verbales del **pretérito perfecto simple** de los verbos **andar**, **estar** y **tener**: ***eva**cuación, **eve**ntual, **evo**lución, **vice**director, anduvo, estuviste, tuvieron.*

Palabras con g y con j

- Se escriben con **g** las palabras que comienzan por **geo-**, **gest-** y **gen-**; las palabras que terminan en **-gen**, **-gia**, **-gio**, **-gión** y **-gional** y los verbos terminados en **-ger**, **-gir** e **-igerar**, excepto **tejer** y **crujir**: *geógrafo, gesticular, genocidio, vigía, prodigio, región, regional, recoger, mugir, aligerar.*
- Se escriben con **j** las palabras que acaban en **-aje**, **-jero**, **-jera**, **-jería** y los verbos terminados en **-jear**: *pe**aje**, pasa**jero**, via**jera**, mensa**jería**, ho**jear**, o**jear**.*

Palabras con ll y con y

- Se escriben con **ll** las palabras terminadas en **-illa**, **-illo**, **-ullo**, **-alle**, **-ella** y las formas de los verbos cuyo infinitivo termina en **-ellar**, **-illar**, **-ullar** y **-ullir**.
- Se escribe **y** detrás de los prefijos **ad-**, **dis-**, **sub-**; en las palabras que contienen la sílaba **-yec-**; y en las formas de los verbos cuyo infinitivo no tiene ni **ll** ni **y**: *leyó, cayó.*

Palabras con x

Se escriben con **x** las palabras que empiezan por **ex-** seguida de **-pr-** y **-pl-** y por **ex-** y **extra-**.

Palabras homófonas

Son las que se pronuncian igual, pero tienen distinto significado: **votar/botar**, **haya/halla**, etc.

Palabras con z, c, d

- Se escriben con **-cc-**: las palabras acabadas en **-ción** si en alguna de la misma familia léxica aparece el grupo **-ct-**; las palabras *a**cc**ésit, a**cc**esorios, a**cc**eso, a**cc**idente, o**cc**idente.*
- El grupo **-zc-** se utiliza en las formas de los verbos acabados en **-ecer**, **-acer** y **-ucir**, y en las de **conocer** y sus derivados: *pere**zc**o.*
- La segunda persona del plural de **imperativo** termina en **-d**.

Palabras con h

- Palabras que empiezan por **herm-**, excepto **ermita** y sus derivados, y **hum-**, seguida de una vocal: ***herm**ano, **hum**anista.*
- Las palabras formadas por los prefijos **hipo-**, **hidro-**, **homo-**: ***hipo**condría, **hidro**sfera, **homo**logar.*
- Las palabras que contengan el diptongo **ue** precedido de vocal: *alca**hue**ta.*

Saltar

VERBO REGULAR • 1.ª CONJUGACIÓN

INDICATIVO

FORMAS SIMPLES / FORMAS COMPUESTAS

	Presente	Pretérito perfecto compuesto
yo	salto	he saltado
tú	saltas	has saltado
él/ella/Ud.	salta	ha saltado
nosotros/as	saltamos	hemos saltado
vosotros/as	saltáis	habéis saltado
ellos/as/Uds.	saltan	han saltado

	Pretérito imperfecto	Pretérito pluscuamperfecto
yo	saltaba	había saltado
tú	saltabas	habías saltado
él/ella/Ud.	saltaba	había saltado
nosotros/as	saltábamos	habíamos saltado
vosotros/as	saltabais	habíais saltado
ellos/as/Uds.	saltaban	habían saltado

	Pretérito perfecto simple	Pretérito anterior
yo	salté	hube saltado
tú	saltaste	hubiste saltado
él/ella/Ud.	saltó	hubo saltado
nosotros/as	saltamos	hubimos saltado
vosotros/as	saltasteis	hubisteis saltado
ellos/as/Uds.	saltaron	hubieron saltado

	Futuro simple	Futuro compuesto
yo	saltaré	habré saltado
tú	saltarás	habrás saltado
él/ella/Ud.	saltará	habrá saltado
nosotros/as	saltaremos	habremos saltado
vosotros/as	saltaréis	habréis saltado
ellos/as/Uds.	saltarán	habrán saltado

	Condicional simple	Condicional compuesto
yo	saltaría	habría saltado
tú	saltarías	habrías saltado
él/ella/Ud.	saltaría	habría saltado
nosotros/as	saltaríamos	habríamos saltado
vosotros/as	saltaríais	habríais saltado
ellos/as/Uds.	saltarían	habrían saltado

SUBJUNTIVO

FORMAS SIMPLES / FORMAS COMPUESTAS

Presente	Pretérito perfecto compuesto
salte	haya saltado
saltes	hayas saltado
salte	haya saltado
saltemos	hayamos saltado
saltéis	hayáis saltado
salten	hayan saltado

Pretérito imperfecto	Pretérito pluscuamperfecto
saltara o saltase	hubiera o hubiese saltado
saltaras o saltases	hubieras o hubieses saltado
saltara o saltase	hubiera o hubiese saltado
saltáramos o saltásemos	hubiéramos o hubiésemos saltado
saltarais o saltaseis	hubierais o hubieseis saltado
saltaran o saltasen	hubieran o hubiesen saltado

Futuro simple	Futuro compuesto
saltare	hubiere saltado
saltares	hubieres saltado
saltare	hubiere saltado
saltáremos	hubiéremos saltado
saltareis	hubiereis saltado
saltaren	hubieren saltado

IMPERATIVO

salta (tú)
saltad (vosotros, vosotras)

FORMAS NO PERSONALES

Infinitivo

saltar

Gerundio

saltando

Participio

saltado

Aprender

VERBO REGULAR • 2.ª CONJUGACIÓN

INDICATIVO

FORMAS SIMPLES / FORMAS COMPUESTAS

	Presente	Pretérito perfecto compuesto
yo	aprendo	he aprendido
tú	aprendes	has aprendido
él/ella/Ud.	aprende	ha aprendido
nosotros/as	aprendemos	hemos aprendido
vosotros/as	aprendéis	habéis aprendido
llos/as/Uds.	aprenden	han aprendido

	Pretérito imperfecto	Pretérito pluscuamperfecto
yo	aprendía	había aprendido
tú	aprendías	habías aprendido
él/ella/Ud.	aprendía	había aprendido
nosotros/as	aprendíamos	habíamos aprendido
vosotros/as	aprendíais	habíais aprendido
ellos/as/Uds.	aprendían	habían aprendido

	Pretérito perfecto simple	Pretérito anterior
yo	aprendí	hube aprendido
tú	aprendiste	hubiste aprendido
él/ella/Ud.	aprendió	hubo aprendido
nosotros/as	aprendimos	hubimos aprendido
vosotros/as	aprendisteis	hubisteis aprendido
llos/as/Uds.	aprendieron	hubieron aprendido

	Futuro simple	Futuro compuesto
yo	aprenderé	habré aprendido
tú	aprenderás	habrás aprendido
él/ella/Ud.	aprenderá	habrá aprendido
nosotros/as	aprenderemos	habremos aprendido
osotros/as	aprenderéis	habréis aprendido
os/as/Uds.	aprenderán	habrán aprendido

	Condicional simple	Condicional compuesto
yo	aprendería	habría aprendido
tú	aprenderías	habrías aprendido
él/ella/Ud.	aprendería	habría aprendido
nosotros/as	aprenderíamos	habríamos aprendido
vosotros/as	aprenderíais	habríais aprendido
ellos/as/Uds.	aprenderían	habrían aprendido

SUBJUNTIVO

FORMAS SIMPLES / FORMAS COMPUESTAS

Presente	Pretérito perfecto compuesto
aprenda	haya aprendido
aprendas	hayas aprendido
aprenda	haya aprendido
aprendamos	hayamos aprendido
aprendáis	hayáis aprendido
aprendan	hayan aprendido

Pretérito imperfecto	Pretérito pluscuamperfecto
aprendiera o aprendiese	hubiera o hubiese aprendido
aprendieras o aprendieses	hubieras o hubieses aprendido
aprendiera o aprendiese	hubiera o hubiese aprendido
aprendiéramos o aprendiésemos	hubiéramos o hubiésemos aprendido
aprendierais o aprendieseis	hubierais o hubieseis aprendido
aprendieran o aprendiesen	hubieran o hubiesen aprendido

Futuro simple	Futuro compuesto
aprendiere	hubiere aprendido
aprendieres	hubieres aprendido
aprendiere	hubiere aprendido
aprendiéremos	hubiéremos aprendido
aprendiereis	hubiereis aprendido
aprendieren	hubieren aprendido

IMPERATIVO

aprende (tú)
aprended (vosotros, vosotras)

FORMAS NO PERSONALES

Infinitivo

aprender

Gerundio

aprendiendo

Participio

aprendido

Partir

VERBO REGULAR • 3.ª CONJUGACIÓN

INDICATIVO

Presente / Pretérito perfecto compuesto

	Formas simples: Presente	Formas compuestas: Pretérito perfecto compuesto
yo	parto	he partido
tú	partes	has partido
él/ella/Ud.	parte	ha partido
nosotros/as	partimos	hemos partido
vosotros/as	partís	habéis partido
ellos/as/Uds.	parten	han partido

	Pretérito imperfecto	Pretérito pluscuamperfecto
yo	partía	había partido
tú	partías	habías partido
él/ella/Ud.	partía	había partido
nosotros/as	partíamos	habíamos partido
vosotros/as	partíais	habíais partido
ellos/as/Uds.	partían	habían partido

	Pretérito perfecto simple	Pretérito anterior
yo	partí	hube partido
tú	partiste	hubiste partido
él/ella/Ud.	partió	hubo partido
nosotros/as	partimos	hubimos partido
vosotros/as	partisteis	hubisteis partido
ellos/as/Uds.	partieron	hubieron partido

	Futuro simple	Futuro compuesto
yo	partiré	habré partido
tú	partirás	habrás partido
él/ella/Ud.	partirá	habrá partido
nosotros/as	partiremos	habremos partido
vosotros/as	partiréis	habréis partido
ellos/as/Uds.	partirán	habrán partido

	Condicional simple	Condicional compuesto
yo	partiría	habría partido
tú	partirías	habrías partido
él/ella/Ud.	partiría	habría partido
nosotros/as	partiríamos	habríamos partido
vosotros/as	partiríais	habríais partido
ellos/as/Uds.	partirían	habrían partido

SUBJUNTIVO

	Formas simples: Presente	Formas compuestas: Pretérito perfecto compuesto
yo	parta	haya partido
tú	partas	hayas partido
él/ella/Ud.	parta	haya partido
nosotros/as	partamos	hayamos partido
vosotros/as	partáis	hayáis partido
ellos/as/Uds.	partan	hayan partido

	Pretérito imperfecto	Pretérito pluscuamperfecto
yo	partiera o partiese	hubiera o hubiese partido
tú	partieras o partieses	hubieras o hubieses partido
él/ella/Ud.	partiera o partiese	hubiera o hubiese partido
nosotros/as	partiéramos o partiésemos	hubiéramos o hubiésemos partido
vosotros/as	partierais o partieseis	hubierais o hubieseis partido
ellos/as/Uds.	partieran o partiesen	hubieran o hubiesen partido

	Futuro simple	Futuro compuesto
yo	partiere	hubiere partido
tú	partieres	hubieres partido
él/ella/Ud.	partiere	hubiere partido
nosotros/as	partiéremos	hubiéremos partido
vosotros/as	partiereis	hubiereis partido
ellos/as/Uds.	partieren	hubieren partido

IMPERATIVO

parte (tú)
partid (vosotros, vosotras)

FORMAS NO PERSONALES

Infinitivo

partir

Gerundio

partiendo

Participio

partido

Haber

VERBO IRREGULAR • 2.ª CONJUGACIÓN

INDICATIVO

FORMAS SIMPLES

Presente

yo	he
tú	has
él/ella/Ud.	ha
nosotros/as	hemos
vosotros/as	habéis
ellos/as/Uds.	han

Pretérito imperfecto

yo	había
tú	habías
él/ella/Ud.	había
nosotros/as	habíamos
vosotros/as	habíais
ellos/as/Uds.	habían

Pretérito perfecto simple

yo	hube
tú	hubiste
él/ella/Ud.	hubo
nosotros/as	hubimos
vosotros/as	hubisteis
ellos/as/Uds.	hubieron

Futuro simple

yo	habré
tú	habrás
él/ella/Ud.	habrá
nosotros/as	habremos
vosotros/as	habréis
ellos/as/Uds.	habrán

Condicional simple

yo	habría
tú	habrías
él/ella/Ud.	habría
nosotros/as	habríamos
vosotros/as	habríais
ellos/as/Uds.	habrían

SUBJUNTIVO

FORMAS SIMPLES

Presente

haya
hayas
haya
hayamos
hayáis
hayan

Pretérito imperfecto

hubiera o hubiese
hubieras o hubieses
hubiera o hubiese
hubiéramos o hubiésemos
hubierais o hubieseis
hubieran o hubiesen

Futuro simple

hubiere
hubieres
hubiere
hubiéremos
hubiereis
hubieren

IMPERATIVO

*he (tú)
*habed (vosotros, vosotras)
*Estas formas ya no se utilizan.

NOTA: En el presente de indicativo, el verbo **haber** tiene una forma especial: **hay**, que no tiene nunca sujeto. Por ejemplo, «*¿Hay manzanas?*».

FORMAS NO PERSONALES

Infinitivo

haber

Gerundio

habiendo

Participio

habido

Ser

VERBO IRREGULAR • 2.ª CONJUGACIÓN

INDICATIVO

	FORMAS SIMPLES	FORMAS COMPUESTAS
	Presente	**Pretérito perfecto compuesto**
yo	soy	he sido
tú	eres	has sido
él/ella/Ud.	es	ha sido
nosotros/as	somos	hemos sido
vosotros/as	sois	habéis sido
ellos/as/Uds.	son	han sido
	Pretérito imperfecto	**Pretérito pluscuamperfecto**
yo	era	había sido
tú	eras	habías sido
él/ella/Ud.	era	había sido
nosotros/as	éramos	habíamos sido
vosotros/as	erais	habíais sido
ellos/as/Uds.	eran	habían sido
	Pretérito perfecto simple	**Pretérito anterior**
yo	fui	hube sido
tú	fuiste	hubiste sido
él/ella/Ud.	fue	hubo sido
nosotros/as	fuimos	hubimos sido
vosotros/as	fuisteis	hubisteis sido
ellos/as/Uds.	fueron	hubieron sido
	Futuro simple	**Futuro compuesto**
yo	seré	habré sido
tú	serás	habrás sido
él/ella/Ud.	será	habrá sido
nosotros/as	seremos	habremos sido
vosotros/as	seréis	habréis sido
ellos/as/Uds.	serán	habrán sido
	Condicional simple	**Condicional compuesto**
yo	sería	habría sido
tú	serías	habrías sido
él/ella/Ud.	sería	habría sido
nosotros/as	seríamos	habríamos sido
vosotros/as	seríais	habríais sido
ellos/as/Uds.	serían	habrían sido

SUBJUNTIVO

FORMAS SIMPLES	FORMAS COMPUESTAS
Presente	**Pretérito perfecto compuesto**
sea	haya sido
seas	hayas sido
sea	haya sido
seamos	hayamos sido
seáis	hayáis sido
sean	hayan sido
Pretérito imperfecto	**Pretérito pluscuamperfecto**
fuera o fuese	hubiera o hubiese sido
fueras o fueses	hubieras o hubieses sido
fuera o fuese	hubiera o hubiese sido
fuéramos o fuésemos	hubiéramos o hubiésemos sido
fuerais o fueseis	hubierais o hubieseis sido
fueran o fuesen	hubieran o hubiesen sido
Futuro simple	**Futuro compuesto**
fuere	hubiere sido
fueres	hubieres sido
fuere	hubiere sido
fuéremos	hubiéremos sido
fuereis	hubiereis sido
fueren	hubieren sido

IMPERATIVO

sé (tú)
sed (vosotros, vosotras)

FORMAS NO PERSONALES

Infinitivo

ser

Gerundio

siendo

Participio

sido

Estar

VERBO IRREGULAR • 1.ª CONJUGACIÓN

INDICATIVO

FORMAS SIMPLES / FORMAS COMPUESTAS

	Presente	Pretérito perfecto compuesto
yo	estoy	he estado
tú	estás	has estado
él/ella/Ud.	está	ha estado
nosotros/as	estamos	hemos estado
vosotros/as	estáis	habéis estado
ellos/as/Uds.	están	han estado

	Pretérito imperfecto	Pretérito pluscuamperfecto
yo	estaba	había estado
tú	estabas	habías estado
él/ella/Ud.	estaba	había estado
nosotros/as	estábamos	habíamos estado
vosotros/as	estabais	habíais estado
ellos/as/Uds.	estaban	habían estado

	Pretérito perfecto simple	Pretérito anterior
yo	estuve	hube estado
tú	estuviste	hubiste estado
él/ella/Ud.	estuvo	hubo estado
nosotros/as	estuvimos	hubimos estado
vosotros/as	estuvisteis	hubisteis estado
ellos/as/Uds.	estuvieron	hubieron estado

	Futuro simple	Futuro compuesto
yo	estaré	habré estado
tú	estarás	habrás estado
él/ella/Ud.	estará	habrá estado
nosotros/as	estaremos	habremos estado
vosotros/as	estaréis	habréis estado
ellos/as/Uds.	estarán	habrán estado

	Condicional simple	Condicional compuesto
yo	estaría	habría estado
tú	estarías	habrías estado
él/ella/Ud.	estaría	habría estado
nosotros/as	estaríamos	habríamos estado
vosotros/as	estaríais	habríais estado
ellos/as/Uds.	estarían	habrían estado

SUBJUNTIVO

FORMAS SIMPLES / FORMAS COMPUESTAS

	Presente	Pretérito perfecto compuesto
yo	esté	haya estado
tú	estés	hayas estado
él/ella/Ud.	esté	haya estado
nosotros/as	estemos	hayamos estado
vosotros/as	estéis	hayáis estado
ellos/as/Uds.	estén	hayan estado

	Pretérito imperfecto	Pretérito pluscuamperfecto
yo	estuviera o estuviese	hubiera o hubiese estado
tú	estuvieras o estuvieses	hubieras o hubieses estado
él/ella/Ud.	estuviera o estuviese	hubiera o hubiese estado
nosotros/as	estuviéramos o estuviésemos	hubiéramos o hubiésemos estado
vosotros/as	estuvierais o estuvieseis	hubierais o hubieseis estado
ellos/as/Uds.	estuvieran o estuviesen	hubieran o hubiesen estado

	Futuro simple	Futuro compuesto
yo	estuviere	hubiere estado
tú	estuvieres	hubieres estado
él/ella/Ud.	estuviere	hubiere estado
nosotros/as	estuviéremos	hubiéremos estado
vosotros/as	estuviereis	hubiereis estado
ellos/as/Uds.	estuvieren	hubieren estado

IMPERATIVO

está (tú)
estad (vosotros, vosotras)

FORMAS NO PERSONALES

Infinitivo

estar

Gerundio

estando

Participio

estado

Saber

VERBO IRREGULAR • 2.ª CONJUGACIÓN

INDICATIVO

	FORMAS SIMPLES	FORMAS COMPUESTAS
	Presente	**Pretérito perfecto compuesto**
yo	sé	he sabido
tú	sabes	has sabido
él/ella/Ud.	sabe	ha sabido
nosotros/as	sabemos	hemos sabido
vosotros/as	sabéis	habéis sabido
ellos/as/Uds.	saben	han sabido
	Pretérito imperfecto	**Pretérito pluscuamperfecto**
yo	sabía	había sabido
tú	sabías	habías sabido
él/ella/Ud.	sabía	había sabido
nosotros/as	sabíamos	habíamos sabido
vosotros/as	sabíais	habíais sabido
ellos/as/Uds.	sabían	habían sabido
	Pretérito perfecto simple	**Pretérito anterior**
yo	supe	hube sabido
tú	supiste	hubiste sabido
él/ella/Ud.	supo	hubo sabido
nosotros/as	supimos	hubimos sabido
vosotros/as	supisteis	hubisteis sabido
ellos/as/Uds.	supieron	hubieron sabido
	Futuro simple	**Futuro compuesto**
yo	sabré	habré sabido
tú	sabrás	habrás sabido
él/ella/Ud.	sabrá	habrá sabido
nosotros/as	sabremos	habremos sabido
vosotros/as	sabréis	habréis sabido
ellos/as/Uds.	sabrán	habrán sabido
	Condicional simple	**Condicional compuesto**
yo	sabría	habría sabido
tú	sabrías	habrías sabido
él/ella/Ud.	sabría	habría sabido
nosotros/as	sabríamos	habríamos sabido
vosotros/as	sabríais	habríais sabido
ellos/as/Uds.	sabrían	habrían sabido

SUBJUNTIVO

FORMAS SIMPLES	FORMAS COMPUESTAS
Presente	**Pretérito perfecto compuesto**
sepa	haya sabido
sepas	hayas sabido
sepa	haya sabido
sepamos	hayamos sabido
sepáis	hayáis sabido
sepan	hayan sabido
Pretérito imperfecto	**Pretérito pluscuamperfecto**
supiera o supiese	hubiera o hubiese sabido
supieras o supieses	hubieras o hubieses sabido
supiera o supiese	hubiera o hubiese sabido
supiéramos o supiésemos	hubiéramos o hubiésemos sabido
supierais o supieseis	hubierais o hubieseis sabido
supieran o supiesen	hubieran o hubiesen sabido
Futuro simple	**Futuro compuesto**
supiere	hubiere sabido
supieres	hubieres sabido
supiere	hubiere sabido
supiéremos	hubiéremos sabido
supiereis	hubiereis sabido
supieren	hubieren sabido

IMPERATIVO

sabe (tú)
sabed (vosotros, vosotras)

FORMAS NO PERSONALES

Infinitivo

saber

Gerundio

sabiendo

Participio

sabido

Ir

VERBO IRREGULAR • 3.ª CONJUGACIÓN

INDICATIVO

Formas simples / Formas compuestas

	Presente	Pretérito perfecto compuesto
yo	voy	he ido
tú	vas	has ido
él/ella/Ud.	va	ha ido
nosotros/as	vamos	hemos ido
vosotros/as	vais	habéis ido
ellos/as/Uds.	van	han ido

	Pretérito imperfecto	Pretérito pluscuamperfecto
yo	iba	había ido
tú	ibas	habías ido
él/ella/Ud.	iba	había ido
nosotros/as	íbamos	habíamos ido
vosotros/as	ibais	habíais ido
ellos/as/Uds.	iban	habían ido

	Pretérito perfecto simple	Pretérito anterior
yo	fui	hube ido
tú	fuiste	hubiste ido
él/ella/Ud.	fue	hubo ido
nosotros/as	fuimos	hubimos ido
vosotros/as	fuisteis	hubisteis ido
ellos/as/Uds.	fueron	hubieron ido

	Futuro simple	Futuro compuesto
yo	iré	habré ido
tú	irás	habrás ido
él/ella/Ud.	irá	habrá ido
nosotros/as	iremos	habremos ido
vosotros/as	iréis	habréis ido
ellos/as/Uds.	irán	habrán ido

	Condicional simple	Condicional compuesto
yo	iría	habría ido
tú	irías	habrías ido
él/ella/Ud.	iría	habría ido
nosotros/as	iríamos	habríamos ido
vosotros/as	iríais	habríais ido
ellos/as/Uds.	irían	habrían ido

SUBJUNTIVO

Formas simples / Formas compuestas

Presente	Pretérito perfecto compuesto
vaya	haya ido
vayas	hayas ido
vaya	haya ido
vayamos	hayamos ido
vayáis	hayáis ido
vayan	hayan ido

Pretérito imperfecto	Pretérito pluscuamperfecto
fuera o fuese	hubiera o hubiese ido
fueras o fueses	hubieras o hubieses ido
fuera o fuese	hubiera o hubiese ido
fuéramos o fuésemos	hubiéramos o hubiésemos ido
fuerais o fueseis	hubierais o hubieseis ido
fueran o fuesen	hubieran o hubiesen ido

Futuro simple	Futuro compuesto
fuere	hubiere ido
fueres	hubieres ido
fuere	hubiere ido
fuéremos	hubiéremos ido
fuereis	hubiereis ido
fueren	hubieren ido

IMPERATIVO

ve (tú)
id (vosotros, vosotras)

FORMAS NO PERSONALES

Infinitivo

ir

Gerundio

yendo

Participio

ido

APRENDER ES CRECER es un proyecto educativo de Anaya Educación para el sexto curso de Educación Primaria.

En la realización de este libro han intervenido:

Coordinación editorial:
Marga Fernández Montijano

Edición:
Carmina Pérez Canet

Diseño de cubierta e interiores:
Miguel Ángel Pacheco y Javier Serrano

Tratamiento infográfico del diseño:
Patricia Gómez y Verónica de la Sierra

Maquetación:
Eduardo Martín Lara

Corrección:
Encarnación Martín

Edición gráfica:
Mar Merino

Ilustraciones:
Luisa Vera y Carlos Díaz

Gráficos:
Departamento Gráfico de Anaya Educación

Fotografías:
Gefotostock, Agencia EFE, Album, Archivo Anaya (Balaguer,T.; Candel, C.; Canto, M.; Enríquez, S.; Fernández Vega, J.; García, M.; García Pelayo, Á.; Hidalgo-Lopesino; Lacey, T.; Leiva, Á.; Lezama, D.; Marín, E.; Martín, J.; Martín, J.A.; Moreno, C.; Muñoz, M.; Ortega, Á.; Padura, S.; Pozo, M.; Ramón Ortega, P.-Fototeca de España; Redondo, M.; Sánchez, J.; Sanguinetti, J.A.-Fototeca de España; Ruiz, J.B.; Steel, M.; Torres, O.; Valls, R.; 6x6 Producción Fotográfica), Getty, 123RF.

Agradecimientos:
Carmen Fernández, Francisco José Castro, Jimena Fernández, Alejandro Paiz, Almudena Martín, Ignacio López, Pablo Alejo Polanía, Aránzazu Pedrejas, Sara Barahona, Ana Casado, Soledad Ortega, José Molina, Álvaro Rodríguez, Emilio Ariza, Inmaculada Rodríguez, Aimar Santana, Cidonay Santana y Nicolás Van Schendel.

Las **normas ortográficas** seguidas en este libro son las establecidas por la Real Academia Española en la *Ortografía de la lengua española*, publicada en el año 2010.

Nuestras publicaciones mantienen el rigor en el uso y en la selección de los contenidos, en las imágenes y en el lenguaje, para cumplir con la **no discriminación** por razón de género, cultura u opinión.

IMPORTANTE. Las **actividades** propuestas en este libro deben ser realizadas en cuadernos u hojas sueltas; **nunca en el propio libro.**

Los **enlaces a las páginas web** que aparecen en este libro han sido revisados en la fecha de su impresión. La editorial no se hace responsable de las modificaciones o las anulaciones que se produzcan en ellos con posterioridad a dicha fecha.

ISBN: 978-84-678-3298-3 - Depósito Legal: M-6736-2015 - Printed in Spain.

ET017987/1E9I - 8410032